时代之问 中国之答

China's Answer to the Question of the Times: Building a Global Community of Shared Future

中宣部主题出版重点出版物

构建人类命运共同体

王义桅——著

CNS | 湖南人民出版社 · 长沙

序 一

○ 潘 岳

思想走在行动之前

祝贺王义桅教授新作出版。

德国哲学家黑格尔说过："思想走在行动之前，就像闪电走在雷鸣之前一样。"习近平外交思想是新时代汲取5000年中华文明精华，继承并创新中国传统外交思想，对世界向何处去、中国与世界关系的一种积极探索。它是14亿中国人民集体智慧的结晶，也是对于未来世界的一种塑造和引领。作为当今最有影响力的外交思想之一，习近平外交思想正被越来越多的世界人民所接纳和认可。

"一带一路"倡议与构建人类命运共同体理念是习近平新时代中国特色社会主义思想尤其是外交思想最具国际影响力的两个方面，已多次被写进联合国有关决议。"一带一路"倡议重在解决和平赤字、发展赤字和治理赤字，构建人类命运共同体则重在克服信任赤字，最终促进文明对话。“一带一路”倡议通过新型国际关系（即全球互联互通伙伴关系网络）来构建人类命运共同体，通过命运自主、命运与共最终实现命运共同体。两者是问题导向、目标驱动的有机统一。

关于人类命运共同体的研究，有三重境界：

一是见山是山，见水是水。即梳理习近平总书记关于构建人类命运共同体的重要论述，按照自己的专业兴趣归纳总结，体现自身价值。其具代表性的研究有两类：传统文化研究，即天下观；马克思主义研究，即自由人联合体。王义桅教授准确把握习近平总书记关于构建人类命运共同体思想的精髓，通约各国传统文化之大同，提出马克思主义中国化进入新时代的标志，是马克思主义与中华文明结合，以其包容性超越当年资、社两种制度的竞争，以万物互联的共同体思想丰富了马克思主义“自由人联合体”思想。

二是见山不是山，见水不是水。即借人类命运共同体说自己那点事儿，其具代表性的研究是国际关系研究、中西对比研究、世界秩序研究。王义桅教授告别近代，走出西方，认为人类命运共同体集古今中外、东西南北之大成。

三是见山还是山，见水还是水。即研究者超越山水，看到了我们头顶上的星空与内心的道德律令。王义桅教授提出，构建人类命运共同体既是从昨天看明天，又是从后天看明天。他深谙构建人类命运共同体乃万物互联时代产物之道，充分考察人工智能、5G 时代等前沿课题，前瞻性地预示了人类命运共同体将汇聚各种人类学问，开创人类新文明，熔炼人类共同价值。

通俗理论读物的最高境界，是通而不俗。王义桅教授以渊博的学识，敏锐的眼光，开放的视角，时代化的表达，对为什么要构建人类命运共同体、人类命运共同体思想从哪里来、如何构建人类命运共同体等根本问题做了透彻阐释，为人们提供了一把通往人类命运共同体的金钥匙。本书的出版，是作者继《世界是通的——“一带一路”的逻辑》之后，对习近平新时代中国特色社会主义思想的光辉篇章进行研究的又一力作，特此推荐。

（作者系中央统战部副部长、国务院侨办主任）

为构建人类命运共同体携手前行

2020 年 3 月 12 日晚，中国国家主席习近平在与联合国秘书长古特雷斯通话时强调，新冠肺炎疫情的发生再次表明，人类是一个休戚与共的命运共同体……国际社会必须树立人类命运共同体意识，守望相助，携手应对风险挑战，共建美好地球家园。对此，我完全赞同。新冠肺炎疫情是一场悲剧，却也是习近平主席提出的百年未有之大变局的生动写照。构建人类命运共同体，是应对百年未有之大变局的唯一正确选择。

新冠肺炎疫情的全球大流行，说明了人类社会携手应对各种风险挑战、推进人类命运共同体建设的紧迫性。2020 年 3 月 6 日，我在接受中国国际电视台（CGTN）采访时表示：中国政府已经竭尽全力，他们及时向全世界通报了疫情，采取的措施为世界各国树立了榜样……中国人在抗击疫情危机中展现出的风雨同舟、守望相助、高度自律的良好精神状态和品格，让全世界印象深刻。

新冠肺炎疫情这一公共卫生事件，也凸显出构建人类命运共同体的重要性。世界是多元的，但也是一个共同体。病毒没有国界，不分种族……面对新冠肺炎病毒，全人类应该勠力同心，共同应对。人类社会的经验证明：当面临重大危机时，合作是最基本的原则。正是基于这一原则，我们创建了全球社会。我们分属于不同的国家，但也是全球公民，我们命运与共。

人类文明史就是一部与疾病抗争的历史，但从来没有病毒可以击垮人类。只要各国以更加坚定的信念牢固树立人类命运共同体意识，风雨同舟、团结协作、众志成城，采取更果断的行动，推动更紧密的合作，就一定能够战胜疫情，共同建设更加美好的地球家园。

新冠肺炎疫情的全球大流行，也给我们带来了以下启示：

1. 人类是一个命运共同体（公民社会或人类大家庭）。

2. 世界需要领导力（不论是由美国、中国还是其他行为体所带来的；与种族和意识形态无关，而是取决于具体的问题）。

3. 中国政府依赖中国人民的抗疫行动是全球领导力角色的显示。

4. 大家需要在人类面对的重大问题上通力合作，维护人类家园，共同参与全球治理。

5. 我们如何合作非常重要。

我很高兴，以上问题都在王义桅教授的新书《时代之问 中国之答——构建人类命运共同体》中有了系统阐述。

我与王义桅教授因为“一带一路”而相识，在研究人类命运共同体的过程中成为好友。2016 年 4 月 12 日，他的首部“一带一路”专著 ***The Belt and Road Initiative*：*What Will China Offer the World in Its Rise*** 在伦敦书展发布，我担任评论员；献礼中华人民共和国成立七十周年的主题图书《对话中国》收录的《十问“一带一路”：对话英国社会学家马丁·阿尔布劳》，又让我们的名字紧密相连。2019 年 2 月 13 日，王义桅教授在威斯敏斯特大学中国传媒中心举办的全球中国传媒系列讲座上，发表了演讲《理解人类命运共同体的三个维度》。他关于人类命运共同体理念不仅通约中华传统文化（道家之共天、儒家之共生、佛家之共业），且通约各国传统文化之大同，以传统中华“和合文化”实现马克思主义中国化、时代化的看法，给我留下了深刻印象，也与我在新著《中国在人类命运共同体中的角色——走向全球领导力理论》中的观点不谋而合。

这一次，他将新书主要内容译成英文给我评阅，使我深受感动。他见解新颖，创造性地提出人类命运共同体理念为全球化铸魂，改变“你赢我输”（zero-sum game）、“双赢”（win-win）思维，代之以“全赢”（all win）或“全输”（all lose）的整体思维等观点。并以新冠肺炎疫情阻击战为例，提出只有各国彻底消除病毒威胁，我们才安全；只有解除全人类的恐惧，才能解除我们的恐惧！

故此，我欣然受邀为其作序，希望并相信他的书将引发广泛的国际共鸣。

（作者系英国社会科学院院士，“全球化”概念最早提出者之一，近著有《中国在人类命运共同体中的角色——走向全球领导力理论》）

人本主义世界观：构建人类命运共同体

摘下口罩的日子
我一直盼着

那个口罩戴了好多天
都变味儿啦
一直买不到新的

摘下口罩的日子
我一直盼着

那时
男人叼起烟斗
女人抹上口红
孩子开口歌唱

那时
我就重返学堂
听到朗朗晨读
奔跑在校园操场

摘下口罩的日子
我一直盼着

叔叔阿姨们

序　三

○ 王义桅

不再穿着厚厚防护服
冒着危险
战斗在抗疫一线

摘下口罩的日子
我一直盼着

人们
可以
自由地呼吸
热情地拥抱
找回舌尖的记忆
把年味儿补回来

摘下口罩的日子
我一直盼着

阳光亲吻我的双唇
鼻孔呼吸春的芬芳
人们热情地交流

摘下口罩的日子
我一直盼着

摘下的岂止是口罩
摘下的是恐惧
摘下的是猜忌
摘下的是隔阂

摘下口罩的日子
我在想
今后还会不会再戴
瘟疫
能不能永不再来

摘下口罩的日子
我在想
其他国家呢
他们有没有口罩
他们摘下口罩了吗

摘下口罩的日子
我祈祷
也是摘下眼镜的日子
摘下支架的日子
摘下一切本不属于我们的东西

摘下口罩的日子
我祈祷
摘下口罩
拥抱自然
拥抱自由
拥抱健康

《摘下口罩的日子》这首小诗，是庚子春节王钟洲同学〔时读中国人民大学附属中学初一（11）班〕的思政课分享。它被译成多种文字在世界传播，还被巴勒斯坦等国儿童朗诵[①]，彰显了孩子们对身心健康、普遍健康、永久健康的渴望。抗击新冠肺炎疫情的阻击战，演绎了构建人类命运共同体的生动实践。人们达成了共识：“一隅不安，举世皆危。”——除非所有人都安全，否则没有人是安全的。

在全球抗击疫情的中国战区，尤其是武汉战场，演绎了一幕幕“一方有难、八方支援”的动人场景，也得到了国际社会尤其是邻国的大力帮助。韩国驻华使馆打出“中国的困难就是我们的困难”“因为我们是一家人”的横幅，日本捐华物资上写着“山川异域，风月同天”“岂曰无衣，与子同裳”“青山一道同云雨，明月何曾是两乡”等字句。中国率先控制住疫情，率先复工复产，又积极援助国际社会，支持其他国家抗疫。可以说，抗击新冠肺炎疫情是人类命运共同体理念的最好实践。

二

新冠肺炎疫情，不仅是新中国成立以来在我国发生的传播

① 央视网：《期盼“摘下口罩的日子” 13 岁中国学生和巴勒斯坦学生因诗结缘》，http：//app.cctv.com/special/special/cportal/detail/arti/index.htm？id=ArtiWZKCO4z7SxrUqA4pb3BH200506&fromapp=cctvnews&version=804&allow __ comment=1&from=singlemessage&isappinstalled=0。

速度最快、感染范围最广、防控难度最大的一次重大突发公共卫生事件，也是百年未遇的全球重大公共卫生危机，是百年未有之大变局的应验。223个国家和地区数亿人感染、数百万人死亡，疫情阴影笼罩全球，产生了一系列严峻的政治、经济及社会心理影响。

法国财政部长勒梅尔称，新冠肺炎疫情将是“全球化游戏规则改变者”。其实，不只是全球化的规则改变了，就连全球化的剧本都变了。公共卫生变量今后会和气候变化一样，纳入人类生产、生活、思维的常量，深入影响全球化逻辑。

疫情带来新的全球化，可从以下四个方面进行剖析：

一、全球化进入新时代——以人为本的全球化。天地之大，黎元为本。疫情揭示资本的全球化正在向以人为本、以人类为本的全球化转型[①]。资本的全球化追求利润最大化和效率最优化，注重产业链、供应链全球垄断，产生贫富悬殊之弊端；而以人为本、以人类为本的全球化关注人的生命健康与地球家园的可持续发展，追求供应链、产业链的安全或弹性、多元化的合理布局。

二、全球化规则从运到命转变。疫情揭示的不是你和我的关系，而是人类和病毒的关系：以人为本的全球化关注“命”

---

① 联合国曾提出类似概念（UNDP. 1999. *Human Development Report 1999: Globalization with a Human Face*. http://www.hdr.undp.org/en/content/human-development-report-1999）。以人为本的全球化（people-centric globalization）更强调全球化的转型，呼应了国内以人民为中心的治理理念。

而非“运”的全球化，不存在“你赢我输”，而是“全赢”或“全输”。换言之，胜的理念取代了赢的追求，不达全胜，绝不收兵。只有共同战胜疫情，人类才能安全，凸显了人类是一个和合共生的共同体。

三、关注弱者而非聚焦强者。战胜疫情就像木桶装水，最短的那块板决定了木桶能盛多少水。弱国或最薄弱的环节决定战胜疫情的进度，帮助公共卫生体系薄弱的发展中国家提高应对能力至关重要，因为这些国家所受冲击更具破坏性、灾难性、持久性。世界银行和国际货币基金组织（IMF）为此呼吁债权国为债务国提供债务减免或延期。中国主动减免77国和地区到期债务，做出了表率。

四、全球性挑战需要全球性协调。世界既面临全球公共卫生危机，还面临世界经济陷入衰退的巨大风险，甚至有分析预测将会出现第二次世界大萧条。事实上，不少国家已经出现社会与就业危机。如何防止危机叠加？除了全球公共卫生安全高级别会议磋商，还需加强国际宏观经济政策协调，实施有力、有效的财政和货币政策，维护全球金融市场稳定，维护全球产业链、供应链稳定。

令人忧虑的是，疫情多点暴发，病毒不断变异，我们或将面临疫情常态化、人与病毒长期共处的局面。近代以来，我们生活在以国家为单元的国际关系思维里，对“人的关系”关注不够，在过往的观念中人只是劳动力、旅游者等生产、消费因素而已，而现在是要探索建立以人为单元的全球秩序，应基于国内以人民为中心的国家治理理念。全球公共卫生治理不应只是思考谁来治理、治理什么、如何治理的问题，更要思考为谁治理、靠谁治理的本源问题。国内以人民为中心的治理，国际上倡导构建人类命运共同体，这是根本的中国方案、中国智慧。

疫情的全球大流行揭示了全球公共卫生治理赤字，并催促着国际公共卫生应急、预警、能力建设、培训和援助的合作，尤其要着手准备协助基础设施、医疗设备、专业知识、医护人员都十分匮乏的低收入国家，强化政府间、区域间、国际组织间的协调。以人为本的全球化时代会将世卫组织（世界卫生组织的简称）放在与 IMF、世界银行一样重要的位置看待。改革世卫组织，增强其权威性、高效性，是完善全球公共卫生治理的重要内容。面对全球抗疫，中国及时给世界卫生组织捐款 2000 万（后又增加 3000 万）美元现汇，号召抗击疫情国际合作，推动打造“健康丝绸之路”，发出“打造人类卫生健康共同体”的积极倡议，加入 COVAX（新冠肺炎疫苗实施计划），与实施计划达成 5.5 亿剂供应协议，捐赠 1 亿美元，为全球公共卫生治理作出了重大贡献。

人类生病了，地球打烊了。以人为本的全球化呼吁构建人类命运共同体。疫情暴发后不久，习近平主席在与联合国秘书长古特雷斯通话时表示，国际社会必须树立人类命运共同体意识，守望相助，携手应对风险挑战，共建美好地球家园。抗击疫情是构建人类命运共同体的生动个案，是以人为本的全球化推动构建人类命运共同体的展示。

以人为本的全球化的逻辑是：

——我健康，你才健康；你安全，我才安全。习近平主席在同外国领导人通电话时不断强调，中方秉持人类命运共同体理念，既对本国人民生命安全和身体健康负责，也对全球公共卫生事业尽责。

——世界安全，中国才安全；中国安全，世界更安全。自抗击新冠肺炎疫情以来，“中国积极开展抗击新冠肺炎疫情全球合作，力所能及为国际组织和其他国家提供援助，截至2021年6月，共为受疫情影响的发展中国家抗疫以及恢复经济社会发展提供了20亿美元援助，向150多个国家和13个国际组织提供了抗疫物资援助，为全球供应了2900多亿只口罩、35亿多件防护服、46亿多份检测试剂盒，向100多个国家和国际组织提供5.2亿多剂疫苗，累计组派33批抗疫医疗专家组赴31个国家协助抗疫”[①]。中非建立了41个对口医院合作机制，中国援建的非洲疾控中心总部大楼项目已于2020年年底正式开工。中国同联合国合作在华设立全球人道主义应急仓库和枢纽也取得了重要进展。中国全面落实二十国集团“暂缓最贫困国家债务偿付倡议”，总额超过13亿美元，是二十国集团成

① 中共中央宣传部：《中国共产党的历史使命与行动价值》，2021年8月26日。

员中落实缓债金额最大的国家。[①] 一场新中国成立以来规模最大的全球人道主义行动，展现出中国推动构建人类命运共同体的全球视野和坚定担当。

—— 国际合作不是选择而是必然。正如《抗击新冠肺炎疫情的中国行动》白皮书（2020 年 6 月）指出的，无论是阻击病毒的传播蔓延，还是抵御不断恶化的全球经济衰退，都需要国际社会团结合作，都需要坚持多边主义、推动构建人类命运共同体。团结合作是国际社会战胜疫情的最有力武器。

二

人类命运共同体不仅是以人为本的全球化价值观，还是人本主义世界观。

2011 年，《中国的和平发展》白皮书中首次提出“你中有我、我中有你”的命运共同体的概念。2012 年，党的十八大报告明确提出倡导“人类命运共同体”意识，在追求本国利益时兼顾他国合理关切，增进人类共同利益。2013 年 3 月 23 日，习近平主席在莫斯科国际关系学院发表演讲，首次在国际场合提出“人类命运共同体”。2017 年 1 月 18 日，习近平主席在日内瓦万国宫发表历史性演讲《共同构建人类命运共同体》，系统

① 外交部：《习近平在全球健康峰会上的讲话（全文）》，https://www.fmprc.gov.cn/web/zyxw/t1877663.shtml，2021 年 5 月 21 日。

人类命运共同体的五大支柱

阐述了人类命运共同体理念的五大支柱：持久和平、普遍安全、共同繁荣、开放包容、清洁美丽。

习近平总书记在庆祝中国共产党成立100周年大会上的讲话中向全党发出号召："以史为鉴、开创未来，必须不断推动构建人类命运共同体……中国共产党关注人类前途命运，同世界上一切进步力量携手前进，中国始终是世界和平的建设者、全球发展的贡献者、国际秩序的维护者……中国共产党将继续同一切爱好和平的国家和人民一道，弘扬和平、发展、公平、正义、民主、自由的全人类共同价值，坚持合作、不搞对抗，坚持开放、不搞封闭，坚持互利共赢、不搞零和博弈，反对霸权主义和强权政治，推动历史车轮向着光明的目标前进！”①

人类命运共同体理念是伟大复兴的中华文化对“人类向何处去”这一时代之问的回答，是中国共产党强调文化自信，将传统文化创造性转化、创新性发展的结晶。

“中华文化蕴含着天人合一的宇宙观、协和万邦的国际观、和而不同的社会观、人心和善的道德观。和平、和睦、和谐是中华民族5000多年一直追求和传承的理念，中国共产党是中华优秀传统文化的忠实传承者，没有侵略他人、称霸世界的基因。”② 中国共产党是为中国人民谋幸福的政党，也是为人类进步事业奋斗的政党。“面对充满危机的世界，中国共产党主张，国家不论大小、强弱、贫富，在国际关系中都是平等的；大国要有大国的样子，要以人类前途命运为要，对世界和平与发展担负更大责任，而不是依仗实力搞唯我独尊、霸凌霸道；世界的命运必须由各国人民共同掌握，各国和各国人民应该共同享受尊严、共同享受发展成果、共同享受安全保障。”③

---

① 习近平：《在庆祝中国共产党成立100周年大会上的讲话（2021年7月1日）》，《人民日报》2021年7月2日。

②③中共中央宣传部：《中国共产党的历史使命与行动价值》，2021年8月26日。

“在中国人的精神世界里，自古以来，人类命运共同体理念就引领着中华民族对理想世界（天下）的憧憬和永恒价值的追求。其表述的话语虽多样而异，但同归而一，形式分殊，其理不二。”[①] 可以说，中华文化就是解决人类命运未来归宿何去何从的文化。命为“口令”二字组合，“观天之道，执天之行，尽矣”[②]，符合天道，善用规律，就是改命。

在中华传统文化中，人为顶天立地、参天两地，与天地并立为三，故《中庸》曰“与天地参”。人由天地所生，自然具备天地基因、天地格局和天地精神。天地无言，清静无为。天为本体（无形无相），地为现象（具体呈现），人戴天履地而生，就应发扬天地精神、建立天地事业、成就天地格局、实现天地和谐。孟子曰：“居天下之广居，立天下之正位，行天下之大道。得志，与民由之；不得志，独行其道。富贵不能淫，贫贱不能移，威武不能屈。”也就是圆成命运之道。

“易之为书也，广大悉备。有天道焉，有人道焉，有地道焉。兼三才而两之，故六。六者非它也，三才之道也。”“三才之道”就是讲人类命运共同体构建的人与天道的和谐、人与人的和谐、人与大地（环境）的和谐等。《易经》提出了“四观”，第四观为天下观，其中包含了人类命运共同体思想。《易经》的同人卦也是阐述人类命运共同体的，张载在《西铭》中

① 张立文：《中国传统文化与人类命运共同体》，《光明日报》2017 年 11 月 6 日。
② 《阴符经·上篇》。

提出的“有民胞物与之量”思想即得力于此。《易经》提出了天文、人文和文化，“观乎天文，以察时变，观乎人文，以化成天下”。其中，人文的本义就包含人类命运共同体，而文化就是为了圆成人类共同的命运。《易经·乾卦》提出“乾道变化，各正性命，保合太和，乃利贞”，讲的也是人类命运共同体以及人类的和谐。受此影响，《礼记》提出了“大道之行也，天下为公”，《论语》提出了“四海之内皆兄弟也”。

各种文化的本原都从关乎人类命运而来。杜维明先生指出，孔子以道德理性（道统）和文化关切（学统）来转化现实政权（政统）的人世精神，在表现形式和思想内容两方面，都具有错综复杂的多样性。[①] 人类命运共同体实现了道统（传统文化的创造性转化与创新性发展）、学统（包容近现代国际体系）、政统（21世纪马克思主义）的有机统一，注重正义、和平、包容、综合、科学等价值，寻求融汇中外优秀思想文化和智慧。从道统上说，人类命运共同体思想不仅是中华文明天下大同思想的全球化，而且通各国文化之约、集世界传统之大成。基督教有“人人为我，我为人人”的理念，佛教有共业思想，伊斯兰教有“人类皆兄弟”的圣训……可见世界各古文明都有过“命运共同体”的理念，而人类命运共同体将单一神、单一文化拓展到各种神、不同文化，不只是空间叠加，还是集约，并且将“和而不同”

① 杜维明：《灵根再植：八十年代儒学反思》，北京大学出版社2016年版，第3—9页。

理念拓展到了追求人类共同价值高度。从学统而言，人类命运共同体还继承了西方共同体概念，并将西方区域、功能性共同体上升到人类高度，消除了其外部性。这是因为，命运共同体只有上升到人类命运共同体，才能维护命运共同体的类本质。从政统上讲，人类命运共同体是马克思主义“世界历史”“自由人联合体”思想时代化的产物。

“全球化”概念的提出者之一、英国社会科学院院士阿尔布劳提出以全球性超越现代性，但未及人类性的人本主义关怀，难脱西方共同体概念窠臼。而人类命运共同体概念从三方面超越西方共同体概念：

一是以人本主义超越人文主义①，还原全球化的人性。近代人文主义建立在人－神关系契约基础上：1. 神与王的契约：把恺撒的给恺撒，把上帝的给上帝。2. 王与贵族的契约：大宪章。3. 贵族与政府契约：代议制。4. 政府与人民契约：社会契约论。而中华文明认为人与天不是契约关系，更没必要经历天—神—王—贵族（政府）—人的分化，天底下有诸神（诸神相爱而非诸神之战），主张敬鬼神而远之，反对装神弄鬼、无法无天，

① 虽然《易经》里就有“人文”一词，但是人文主义（humanism）一词来自西方，是近代文艺复兴，尤其是启蒙运动以来的以人自身的经验为中心来看待一切的一种世界观。英国学者阿伦·布洛克指出，“作为文艺复兴和启蒙运动之产物的现代话语中的‘humanism’，其基调就是一种以人类为中心的世界观，以人本的世界观区别中世纪神本世界观”。[〔英〕阿伦·布洛克：《西方人文主义传统》，董乐山译，生活·读书·新知三联书店 1997 年版，第 12 页。] 所以吴宓最初把它译成“人本主义”，后来才被胡先骕译为“人文主义”。笔者认为，中华文化考究人和天的关系，区别于西方人和神的关系，西方一神教的 God 与其他文明的神也不是一回事，所以本书提出人类命运共同体是人本主义世界观，是人类文艺复兴。

追求天人合一。钱穆先生指出，“……天即是人，人即是天，一切人生尽是天命的天人合一观。天人合一论是中华文化对人类最大的贡献”[①]。中国共产党将传统中华文化的天人合一思想上升到党与人民合一：江山就是人民，人民就是江山，超越了人－神观基础上的近代政治文明。林肯总统的 of the people（民有）、by the people（民治）、for the people（民享）被孙中山先生所吸收并发展为“三民主义”。中国共产党更进一步，强调 in the people（人民中心），既 before the people（先锋队），因为吃苦在前，还 after the people（公仆），享受在后。因此，中国共产党与中国人民是一体的。中国共产党以天地人一体的人本主义超越人－神观的人文主义，开创了人类文艺复兴。人类命运共同体理念是以人民为中心的国内治理观在全球治理层面的逻辑延伸：以人为本，以人类为本。

二是以天下无外、有教无类的人类情怀消除基于一神论的同质性、封闭共同体的负外部性。中国传统文化没有共同体概念，而是“群”的概念。《易经》提出“方以类聚，物以群分，吉凶生矣”。人类就是群，人类要想好，就要不断去影响更多的人。多数人不好了，社会坏了，就麻烦了，所以“吉凶生矣”。

三是超越了西方中心论和霸权稳定论，适应了万物互联时

---

① 钱穆：《中国文化对人类未来可有的贡献》，香港中文大学《新亚月刊》1989 年 12 月号刊。

代，顺应了区块链去中心化、扁平化管理潮流。群龙无首是乾卦的最高境界，乾卦又是《易经》的根本核心。群龙无首的群从个人修养而言是无为（道家）、无相（佛家），从社会形态而言即人类命运共同体的最高境界——万物并育而不相害，道并行而不相悖，万类霜天竞自由，各自都是一条龙，相互关爱，没人出来称霸（无首）。

构建人类命运共同体是“自由人联合体”的当代实践，它既不是“社区式”的，也不是现代普遍存在的“社会式”机械合成体，而是人类群体的命运相连。马克思描绘的自由人联合体是超越工业经济时代人的异化而设想的概念。今天，工业经济依然存在，数字经济正在全面崛起。人类命运共同体深刻描绘了数字经济时代生产方式、生活方式催生的思维理念。数字经济所推动的产业体系远远超过传统实体经济的产业体系，其中最大的差别是产业链的不可分割性和依存性。以芯片为例，芯片所涉及的产业分为几十个大类、上千个小类、五十多个学科、上千个工序。所有产业链都是超长产业链，无法切割，和我们理解的传统实体经济是不同的。

在工业经济时代，主要按照行业门类来组织创新过程，人为设置理、工、农、医等学科专业，区分一、二、三等产业类型，行业边界清晰，“井水不犯河水”。在迈向知识经济时代的进程中，随着“互联网+”“大数据+”乃至“人工智能（AI）+”的大行其道，如同架起了一座可以畅通于任何行业的桥梁，组织边界、地域边界、技术边界、行业边界日益模糊，成为“你中有我，我中有你”的跨界融合共同体。①

当今世界正处于百年未有之大变局，处于工业化向数字化过渡阶段，有人误解乃至抵制人类命运共同体也是正常的现象。中美脱钩、新冷战的提法加剧了人们的担忧。科学实验表明，在连续和重复博弈中，胜算最大的要素是善良和宽容。②经历不断国际竞争，我们正在构建人类命运共同体。

三

人类命运共同体不仅是一种理念、一种世界观，还是习近平治国理政的基本方略，新时代中国外交的总目标。

作为一种理念，人类命运共同体是回答和解决当今世界面临的“世界怎么了，我们怎么办”这一时代之问的中国方案，也是给世界人民带来福祉的人间正道，多次被写进联合国大会、联合国安理会有关决议。

作为人本主义世界观，人类命运共同体将古希腊箴言“认识你自己”发展到“成为你自己”，将个体理性的“你”上升到集体理性的“我们”——成为我们自己，将群体的“自己”

---

① 潘教峰、陈光华：《加快构建新型创新组织模式》，《瞭望》2017 年第 49 期。

②Robert Axelrod，*The Evolution of Cooperation*，Cambridge，MA：revised edition published by Basic Books，2006：pp.149-150.

演变为全体的“人类”：我因为你而成为我，因为地球家园而成为人类命运共同体。

作为习近平治国理政的基本方略，坚持推动构建人类命运共同体被写入党章和宪法，体现了中国共产党和全体中国人民的意志，被列为新时代坚持和发展中国特色社会主义的基本方略。[①]

作为新时代中国外交的总目标，人类命运共同体倡导建设持久和平、普遍安全、共同繁荣、开放包容、清洁美丽的世界，推动建设相互尊重、公平正义、合作共赢的新型国际关系，是习近平外交思想的核心和精髓，是习近平新时代中国特色社会主义思想最具国际影响力、感召力的部分。“坚持以维护世界和平、促进共同发展为宗旨推动构建人类命运共同体，是新时代对外工作的总目标。”[②]

构建人类命运共同体，关键在行动，通过“一带一路”国际合作、构建全球互联互通伙伴网络而展开，通过塑造“和平、发展、公平、正义、民主、自由”等全人类的共同价值而推进。构建新型国际关系、构建人类命运共同体成为新时代中国特色大国外交最鲜明的旗帜，不仅弘扬了和平共处五项原则等传统中国外交准则，弘扬了联合国宪章的宗旨和原则，也为打造融通中外的学术体系、理论体系、话语体系提供了时代机遇。

①《习近平外交思想学习纲要》，人民出版社、学习出版社 2021 年版，第 48 页。
②《习近平外交思想学习纲要》，人民出版社、学习出版社 2021 年版，第 48 页。

莎士比亚说，掌握我们命运的不是星座，而是我们自己。构建人类命运共同体，倡导“世界的命运必须由各国人民共同掌握”，前提是各国自立自强。面临霸权主义、强权政治的种种挑战时，需要国际社会解放思想、实事求是，各国政府与政党担负起责任，树立正确的历史观、大局观、角色观。

CONTENTS

目　录

目 录

CONTENTS

目录

CONTENTS

目　录

序章

时代之问 中国之答

让和平的薪火代代相传，让发展的动力源源不断，让文明的光芒熠熠生辉，是各国人民的期待，也是我们这一代政治家应有的担当。中国方案是：构建人类命运共同体，实现共赢共享。

——习近平

一、时代之问：世界怎么了、我们怎么办?

1897 年，法国印象派艺术大师高更（P. Gauguin，1848—1903）完成了一幅大型作品，他用梦幻的记忆形式，把观赏者引入似真非真的时空延续中，在长达 4 米的画面上，从左到右表达了生命从诞生到死亡的历程。树木、花草、果实，所有的植物象征着时间的飞逝和生命的消失。画的标题是三个震撼心灵的问题：我们从哪里来？我们是谁？我们到哪里去？和科学家没有交集的高更根本就没有想到他的发问恰恰是科学界公认的最基本、最有意义、最值得研究的问题：宇宙是怎样起源的？生命是怎样起源的？人类的未来会怎样？

当今世界，各国都不同程度面临着高更之问：你从哪里来？你是谁？你要去哪里？英国脱欧如此痛苦，不正是因为在大英帝国的虚幻过去、现实的欧盟束缚以及“Global Britain”（全球英国）之间彷徨难以抉择吗？土耳其申请加入欧盟（走向未来）的冲动，可追溯到一个世纪前凯末尔主义的世俗化，但希望融入西方的现代土耳其，几十年来一直在等待戈多……

转而回到现实——回归伊斯兰世界，又因为世俗化而不被接纳；回到过去的奥斯曼土耳其帝国时代，所有国家都不答应！这种身份认同危机其实在美国身上也有体现："山巅之城"（city upon the hill）的信仰催生了美国"绝不做老二"（second to none）的信念。进入工业 4.0 时代，历史上第一次出现非西方国家、非美国盟友、非一神教传统国家的中国参与并引领产业革命。于是，美国举全球霸权之力打压中国有关的科技

《我们从哪里来？我们是谁？我们到哪里去？》（法国　高更）

公司。

中国也可能面临类似挑战：你从哪里来？对这个问题，中国很明确，但其他国家尤其是周边国家有不同理解。你是谁？并非西方的民族国家，可能是文明型国家？你要去哪儿？中华民族伟大复兴既有赶超美国的冲动，也给人要复兴到汉唐盛世的错觉……直到人类命运共同体给中国梦的世界表达提供了方向。正如中华民族概念圆了中华文明道统一样，人类命运共同体理念诠释了中国与世界的关系：中国提出推动构建人类命运共同体，不是外交辞令，而是实现中华民族伟大复兴中国梦的内在要求，是中国特色社会主义的应有之义，鲜明体现了当代中国共产党人的全球视野。

世界又何尝不是如此？习近平总书记 2021 年 7 月 6 日晚在中国共产党与世界政党领导人峰会主旨讲话中指出：“今天，人类社会再次面临何去何从的历史当口，是敌视对立还是相互尊重？是封闭脱钩还是开放合作？是零和博弈还是互利共赢？选择就在我们手中，责任就在我们肩上。”

时代之问，中国之答。

当代西方思想家中最能深入认识到中华文化对复兴西方文明价值的，当推英国历史学家汤因比。在其巨著《历史研究》《人类与大地母亲》和《展望 21 世纪——汤因比与池田大作对话录》中，汤因比一再宣告“21 世纪是中国人的世纪”这一不朽预言，并且以深通东西文明奥秘的伟大哲学眼光，深刻而精辟地论述了这一预言的学术依据——

东亚有很多历史遗产，这些都可以使其成为全世界统一的地理和文化上的主轴。依我看，这些遗产有以下几个方面：

第一，中华民族的经验。在过去二十一个世纪中，中国始终保持了迈向全世界的帝国，成为名副其实的地区性国家的榜样。

第二，在漫长的中国历史长河中，中华民族逐步培育起来的世界精神。

第三，儒教世界观中存在的人道主义。

第四，儒教和佛教所具有的合理主义。

第五，东亚人对宇宙的神秘性怀有一种敏感，认为人要想支配宇宙就要遭到挫败。我认为这是道教带来的最宝贵的直感。

第六，这种直感是佛教、神道与中国哲学的所有流派（除去今天已灭绝的法家）共同具有的。人的目的不是狂妄地支配自己以外的自然，而是有一种必须和自然保持协调而生存的信念。

第七，以往在军事和非军事两方面，将科学应用于技术的近代竞争中，西方人虽占优势，但东亚各国可以战胜他们。日本人已经证明了这一点。

第八，……敢于向西方挑战的勇气……今后还要保持下去，不过我希望在人类历史的下一阶段，能够把它贡献给和平解决人类问题这一建设性的事业上来。

……从整体上看，中国的历史是一部在政治上富有成功经验的历史，而且今天还在以“人民共和国”的形式继续存在着。这跟在西方企图实现持久的政治统一与和平而没有达成的罗马帝国的历史，形成了鲜明的对照。

……罗马帝国解体后，西方的政治传统是民族主义的，而不是世界主义的。由此看来，今后西方也似乎不能完成全世界的政治统一。

将来统一世界的大概不是西欧国家，也不是西欧化的国家，而是中国。并且正因为中国有担任这样的未来政治任务的征兆，所以今天中国在世界上才有令人惊叹的威望。中国的统一政府在以前的两千二百年间，除了极短的空白时期外，一直是在政治上把几亿民众统一为一个整体的……最近五百年，全世界在政治以外的各个领域，都按西方的意图统一起来了。恐怕可以说正是中国肩负着不止（只）给半个世界而且是整个世界带来政治统一与和平的命运。[①]

汤因比认为，尽管西方一直以来都期望能达成世界政治的统一和持久的和平，但西方的政治传统自罗马帝国解体之后就偏向了容易导致分裂的民族主义（中间还有个大一统宗教的时期），难以促使人类统一为一个整体。而这个西方不可能完成的任务，正是中国肩负的使命。构建人类命运共同体，就是中国向世界78亿民众所交出的答卷。

“当今世界充满不确定性，人们对未来既寄予期待又感到困惑。世界怎么了、我们怎么办？这是整个世界都在思考的问题，也是我一直在思考的问题。”2017年1月18日，习近平主席在联合国日内瓦总部发表的题为《共同构建人类命运共同体》的主旨演讲，系统阐述了人类命运共同体思想，在新时代回应了“高更之问”。

四个月后，在首届“一带一路”国际合作高峰论坛上，习近平主席进一步提出解决“和平赤字”“发展赤字”“治

①〔日〕池田大作、〔英〕汤因比：《展望21世纪——汤因比与池田大作对话录》，荀春生等译，国际文化出版公司1999年版，第277—279页。

《这一近、那长远》（中国 黄永滨），以全球性的经济体系为创作思路，体现“一带一路”对现代经济融合以及互联互通起到的重大作用

理赤字”的“一带一路”方案。在同年底举行的中国共产党与世界政党高层对话会上，他明确指出：“我提出‘一带一路’倡议，就是要实践人类命运共同体理念。”从而解决了构建人类命运共同体的合作平台。

二、全球化之问：经济基础如何决定上层建筑？

世界本一体，是地壳运动将地球分成了不同板块。

人类本同源，生命起源于海洋，智人从东非走向世界。[①]

本是同根生，相煎何太急？世界再也无法承担分离之苦。环球同此凉热，人类再也无法遭受不可持续发展之痛。

当今世界，正经历从自然地理、政治地理到功能性地理的转变，迈入互联互通新时代。

功能性地理包含“实”与“虚”两个层面的内涵：“实”包括交通运输网和基础设施建设工程，乃至于能源互联网，主要服务于物资的联通与交换；“虚”则是信息互联网和更高级别的万物互联（Internet of Everything，简称 IoE），主要服务于信息的联通与交换。

正所谓世界是通的，美国学者帕拉格·康纳在其著作《超级版图：全球供应链、超级城市与新商业文明的崛起》（下称《超级版图》）中，举了大量互联互通之后带来的生产力、

① 当然，这是最典型的说法，还有智人不同起源说。

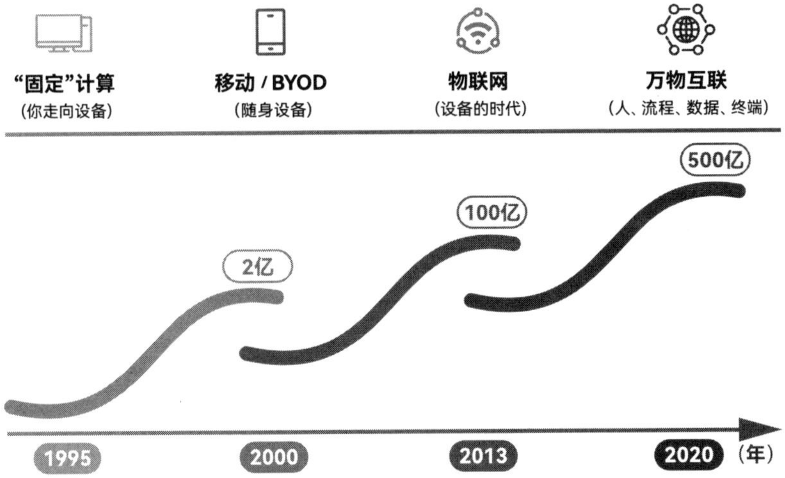

进入 21 世纪以来，连接至互联网的终端数量快速增长

生产效率和经济发展水平提升的例证，更提出了“互联互通决定 21 世纪竞争力”的观点[①]。

互联互通之妙，在近代法德竞技中也得到了鲜明的体现。自从步入铁路时代，法国的发展就一直敌不过德国，原因可以从双方的铁路网发展中找到蛛丝马迹：德国的铁路网密集交织、互联互通；而法国的铁路网不仅没有德国密集，更重要的是条条铁路通巴黎。

新时代的互联互通是时空的立体组网，空间的陆海一体、四海一家，时间的互联互通，万物的互联升级，催生超越现代性、古典性的价值观。作为对互联网时代的超越，万物互联、人机交互、天地一体的时代正在到来。

①〔美〕帕拉格·康纳：《超级版图》，崔传刚、周大昕译，中信出版社 2016 年版。

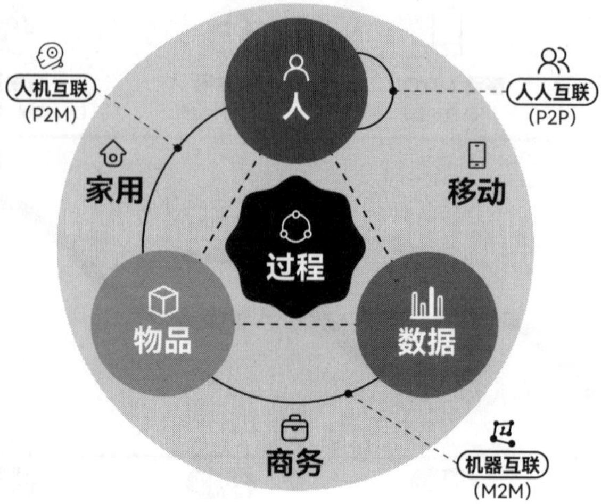

万联网

互联网的下一波浪潮将会是在人员、流程、数据以及实物之间实现融合，从而形成组网。这也就是思科公司正在全球范围内发起并推动的万物互联。

万物互联将人、流程、数据和终端结合在一起，使得网络连接变得更加相关、更有价值。万物互联将信息转化为行动，给个人、企业和国家创造新的功能，并带来更加丰富的体验和前所未有的经济发展机遇。

根据思科公司的估计，2013 年全球只有不到 1% 的实物是连接到互联网的，99.4% 的实物尚未实现互联。在个人层面，每个人平均有大约 200 件实物可以实现连接。

Statista 数据显示，2020 年全球物联网市场规模达到 2480 亿美元，到 2025 年预计市场规模将超过 1.5 万亿美元，复合增长率达到 44.5%。

移动互联网整合了社会闲置资源，产生了新的商业模式，以共享经济模式为其代表。

使用但不占有，是共享经济最简洁的表述。激活经济剩余，是社会财富增长的一个新途径。过去，经济剩余的存在是碎片化的，零零散散地存在于社会各个领域，整合成本极高，社会价值很低。现在，借助于共享经济的各种创新模式，大量的经济剩余被整合起来，在全社会范围内重新对接供需，于是就产生了新的经济效益。由此，实现了“人尽其才、物尽其用”，宏观经济的发展也具备了新动能。

共享经济是一场深刻的经济革命。在去中心化的价值传承下，合作分享的思维方式成为商业发展的主旋律，这给整个社会的资源重构、组织重构、供需重塑，甚至治理模式都带来了巨大影响。正如罗宾·蔡斯所言，“人人共享正在推动这个工业化社会转型为分享经济社会”[①]。

共享经济把熟人之间的分享关系扩大到了陌生人群体，提升了社会成员的互信水平。共享经济是基于熟人关系催生出的商业形态，它基于移动互联网技术的发展，意味着熟人信任开始过渡到商业化信任。在这一新型的商业模式下，人们发挥分享的精神，借助互联网带来的便利，依靠团体协作的方式，让社会资源重新流动起来，从而实现按需分配的社会资源再分配，真正实现“使用而无须占有”的美好愿景。

① 〔美〕罗宾·蔡斯：《共享经济：重构未来商业新模式》，王芮译，浙江人民出版社 2015 年版，前言第 2 页。

同时，共享经济促进了生产方式由大规模单一中心转向去中心化的个性化定制。相比前两次工业革命塑造的以“单一中心、大规模、统一标准”为主要特征的模式，共享经济去中心化的价值网络更加注重提供个性化的产品和服务。个人既是消费者同时也是生产者，大大激发了创业创新活力。总体来看，共享经济也是当今移动互联网技术发展到一定阶段的必然产物。移动互联网发展以及智能终端的普及实现了参与者的广泛互联，移动支付和基于地理位置的服务（LBS）让分享变得简单快捷。网络与大数据分析技术实现了资源供需双方的精准高效匹配，极大地降低了个体之间碎片化交易的成本。社交网络及信用评价机制日渐成熟，培育了新的信任关系。共享经济的发展也推动了一个超级链接网络的形成，通过对社会闲置资源的再利用，强化了人与人、人与物、物与物之间的连接。[①]

经济基础决定上层建筑。全球化的新形态，催生出人类命运共同体理念。

共享经济连接各地的经济剩余，使得地球上的资源可以被高效地配置起来，为实现世界可持续发展，建设共同繁荣、清洁美丽的世界提供了一条路径。重要的是，这种共享是每个国家、每个城市、每个人都能参与进来的，它能够让人真切地感受到世界其实是“通”的，人类命运休戚与共，所有人都可以，也应该参与到人类命运共同体的构建中来。

① 马化腾等：《分享经济：供给侧改革的新经济方案》，中信出版社 2016 年版，前言。

网络的发展和万物互联时代的来临，让每个人都前所未有地紧密相连。可以想见，未来人与人、人与物、物与物之间的联系会随着信息网络的发展而越发紧密，人类命运共同体应时代需求而生，与信息化社会有天然的适配性。

然而，在工业化时代，起源于西方的资本主义文明在全球的扩张，逐渐产生并日益加剧着三种关系的紧张："人与社会关系紧张——后冷战时代的冲突和危机还在显示，随着资本主义工业化而来的现代性矛盾，并未因冷战的结束而消除；人与自然关系紧张——现代工业文明彻底打破了自然的和谐与宁静，人类成了自然的主人和敌人；人与人关系紧张——现代化带来了'迷心逐物'的现代病，席卷世界的金融危机，就起源于华尔街从金融衍生品追逐超额利润的过度贪婪"①。

而构建人类命运共同体可以从人与社会、人与自然、人与人三个层面来解决资本主义全球扩张之后带来的问题。在人与社会层面主张共融，塑造交流互鉴的文明共同体；在人与自然层面主张共生，建立和谐共生的生命共同体；在人与人层面主张共业，成为同舟共济的关系共同体。

三、中国之答：构建人类命运共同体

"世界那么大，问题那么多，国际社会期待听到中国声音、

①叶小文：《新丝绸之路：两大文明的再度交汇》，《人民日报》2014年3月27日。

看到中国方案，中国不能缺席。”[①]

“大时代需要大格局，大格局呼唤大胸怀。从‘本国优先’的角度看，世界是狭小拥挤的，时时都是‘激烈竞争’。从命运与共的角度看，世界是宽广博大的，处处都有合作机遇。我们要倾听人民心声，顺应时代潮流，推动各国加强协调和合作，把本国人民利益同世界各国人民利益统一起来，朝着构建人类命运共同体的方向前行。”[②]“一带一路”倡议与构建人类命运共同体，成为人类应对全球化挑战的中国方案与中国智慧。

近代以来，中国着眼于解决的是中国问题：民族独立、国家富强。改革开放，中国开始解决发生在中国的世界问题：市场经济、人民幸福。进入新时代，中国越来越多地解决人类问题：持久和平、普遍安全、共同繁荣、开放包容、清洁美丽，它们共同构成人类命运共同体的五大支柱。

在世界局势处于大转型、大变革的关口，习近平主席胸怀古今中外，心系东西南北，提出人类命运共同体理念，彰显人类社会共同理想和美好追求。在新时代将传统中国天下大同、协和万邦的思想予以升华，将中国外交的和平、发展、合作、共赢的宗旨予以铸魂，将中国共产党为世界进步事业作出新的更大贡献的世界初心予以宣示，将联合国宪章的宗旨和原则予以弘扬，得到了国际社会广泛而积极的响应。

① 《国家主席习近平发表二〇一六年新年贺词》，《人民日报》2016 年 1 月 1 日。

② 习近平：《加强政党合作　共谋人民幸福——在中国共产党与世界政党领导人峰会上的主旨讲话（2021 年 7 月 6 日，北京）》，《人民日报》2021 年 7 月 7 日。

当然，人类命运共同体既是静态的——发现已有共同价值观，也是动态的——共同塑造人类的共同价值观或者未来的共同价值观。它不只是一种对话式文明，还是未来人类文明的塑造。过去无可继续，未来犹可期。过去的一切，皆为序章。过去的国际体系，只是人类命运共同体理念的序章，序幕拉开后的人类命运共同体是一个正在进行的、动态的、具有包容性的建构过程。

四、人类命运共同体思想从哪里来？

人类命运共同体是全球化时代天、地、人思想的升华。

人类本是命运共同体，只是全球互联互通水平制约了其认识。全球化实践，催生了人类命运共同体意识。

那从人到人类，从命到命运，从共同体到命运共同体，人类命运共同体思想是如何形成的？

（一）从人到人类

从人到人类，不只是人本主义的连续性突破了群己悖论，更是本质的拓展。“类”的概念，不只是智人区别于其他动物，更是类本质的不同。马克思在《1844 年经济学哲学手稿》中指出：“……人的类特性恰恰就是自由的自觉的活动。”

人类是人的总称，从进化意义上的智人（学名：Homosapiens）到人，再到政治意义上的人民，最后归于一个大而全的概念——人类。西方主导世界的 500 年来，诞生出旨在证明“自

中国古人认为构成生命现象与生命意义的基本要素是天、地、人。“天”是指万物赖以生存的空间；“地”是指万物借以生长的山川大地；“人”虽为

我”是文明、“他者”是野蛮的人类学（不可避免地导致种族之争）和人类中心主义（消极人类世[①]），这些都不会让我们的未来变得更美好。人类已经到了反思现代性、全球性，回归人类性的时候。人类命运共同体理念就是在这样一个变革的时代应运而生的，它呼唤我们超越国家利益来看人类社

① 人类世意味着人类成为环境演化的最重要影响因素。消极人类世即人类对地球造成的负面影响。

万物之灵，但要顺应天地以化育万物。《生存·发展》（中国　周昌新）体现了天、地、人合而为一，万物生生不息的境界

会的未来，关注长远的人类整体利益；它的出现，既有利于应对气候变化等全球性危机，也有利于塑造深海、极地、网络、外空等新疆域全球秩序。人类不能在21世纪重复19世纪的权力政治规则，21世纪的人类需要21世纪的新规则，需要将悲观的消极人类世扭转为乐观的积极人类世。

（二）从命到命运

自由的活动受制于一定的时空，自觉的活动体现为将定数变成变数。这解释了从人的命到人类的命运—— 命为定数，指某个特定对象；运为变数，指时空转化。

不同于欧洲共同体，人类命运共同体是全人类的、尊重主权的，不会产生弱者依存于强者的不平等。对于人类命运共同体，西方强调必然性的命运（destiny）观，印度强调偶然性的命运（Pratītyasamutpāda）观，中国则主张必然性和偶然性相统一的命运观（厚德载物，修德立命）。

（三）从共同体到命运共同体

家庭、部落、国家，乃至国际社会，人们组成不同层次的共同体，即德国社会学家滕尼斯所说的血缘共同体、地域共同体与精神共同体。个体命运与国家命运相连，所谓家国情怀；全球化时代，国家命运与人类命运相连，形成地球村村民的概念，共同体上升到命运共同体。

（四）从命运共同体到人类命运共同体

西方有丰富的“人类”“共同体”思想，甚至有“人类共同体”提法，中国的创新在人伦的时代表达—— 命运[①]，拓展到人类命运共同体高度。“命运”不是前世的“天定命运”（Manifest Destiny），亦非来世的“归宿”，而是今世的“共同命运”。在中国语境中，命运是自主的，因为人是可以“赞天地之化育”

① 长期以来，由于崇拜理性的选择偏好，从苏格拉底与柏拉图对人作为共同体组件的工具性解释，到霍布斯政治哲学中对“人人为敌”的描述，西方政治思想一大缺陷就在于不注重人伦，甚至否定、抵制人伦，从而造成对人本身及其共性价值的忽视。西方政治思想对人、人性、人类本身缺乏关怀，由此关注各种抽象的普遍主义和具体的特殊主义，从而导致无休止的对抗思维。参见姚中秋：《西方政治哲学的病理分析——以〈理想国〉〈利维坦〉为样本》，《探索与争鸣》2018 年第 2 期。

的。“共同命运”一方面将人从外界权威中解放出来，另一方面塑造了团结共同的人类价值向度。因为命运是自主的，所以需要尊重多样性的实现方式；因为命运是共同的，所以需要超越个体的整体性思维，一同面向共同未来。

一句话，人类命运共同体理念借鉴并超越了西方共同体思想与人类学，尤其是社会学的个体－社群或公域－私域理论、伦理学的契约与功利主义、政治学的世界主义和社群主义、法学的万民法与正义论、宗教学的普世主义与多元主义，又超越了源于一神论的封闭性与排他性，彰显世俗伦理与社会主义精神。正如费孝通先生指出的：“他们（即西方社会）常常由若干人组成一个个的团体。团体是有一定界限的，谁是团体里的人，谁是团体外的人，不能模糊，一定分得清楚。在团体里的人是一伙，对于团体的关系是相同的，如果同一团体中有组别或等级的分别，那也是先规定的。”[①]

世界有三大文化：一神论、多神论、无神论。一神论虽也宣称多元一体但本质是同质性文化，主张普世价值观，唯我独尊，造成宗教战争和文明冲突；多神论主张生命轮回观、价值相对主义，很难团结；无神论既世俗化又尊重不同信仰，利于大一统，能够实事求是，这是中国共产党结合优秀传统文化并弘扬社会主义精神的应有之义，即在国际社会弘扬公平正义的新型国际关系与人类共同价值观。

① 费孝通：《乡土中国》，人民出版社 2008 年版，第 27 页。

构建人类命运共同体，应超越时间、空间维度理解，凸显其思维意义。纵观历史可以发现，人类命运共同体是全球化发展到高级阶段才能形成的意识，超越了古代文明等级的天下概念和近代中心－边缘西方秩序观，是人类新文明意识形态。人类命运共同体理念超越了古代帝国、近代世界政府概念，强调尊重国家主权和世界多样性，主张各国独立自主，命运与共。

在人类历史上，先后出现过帝国、世界政府的形态和设想，也有世界大同的冲动和全球治理的实践。但帝国设想总难免陷入扩张和衰落的循环，对外争霸战争此起彼伏，造成世界不可承受之痛。从但丁的“世界帝国”论，到康德为了迎来永久和平而倡导的“世界联邦”，再到罗素和爱因斯坦的世界政府思想，主要是为了维持和平，较少会涉及治理层面的探讨。比如，承袭世界政府思想而建立的“国联”和联合国，其主要宗旨也是维持世界和平（它们各自创立于“一战”“二战”之后），在治理层面则较为欠缺。而康德、爱因斯坦等西方先贤的永久和平论思想以己及人、由近及远的放射状思维，不是成为乌托邦，就是被扭曲、滥用。比如，康德的永久和平建立在其他国家都实现共和制的基础上，建立在以同质性为前提，实现同质性为目标，以民主和平论搞民主输出的悲剧基础上。人类命运共同体则充分尊重国家主权和差异性，倡导各国成为自己而非成为他者。

在联合国教科文组织总部大楼前的石碑上，用多种语言镌刻着这样一句话：“战争起源于人之思想，故务需须于人之思想中筑起保卫和平之屏障。”因此，构建人类命运共同体首先以持久和平为指向。习近平主席说，“我们要坚持多边主义，不搞单边主义；要奉行双赢、多赢、共赢的新理念，扔掉我赢你输、赢者通吃的旧思维”①。

过去，全球化思维是“双赢”（运），无法解决不平等问题——你赢多，我赢少，就会产生你赢我输的感觉，以至于西方戏称“中国赢两次”。要做到人类全赢，就必须超越“运”，强调“命运”，改变安全－经济的分裂，即“安全靠美国、经济靠中国”的“亚洲悖论”②。

不忘本来，吸收外来，面向未来。

人类命运共同体理念弘扬了传统中华文化天下大同的思想，同时吸收各民族传统文化中的类似思想，成为面向未来、引领未来的理念。

五、构建人类命运共同体是时代呼唤

人类命运共同体的提出，是为了应对西方异化——西方反对西方，美国反对美国：世界贸易组织停摆、北约“脑死亡”，人道主义蜕变为政治斗争工具，气候变化成为“地缘政治的

①2015年9月28日，国家主席习近平在纽约联合国总部出席第七十届联合国大会一般性辩论并发表题为《携手构建合作共赢新伙伴　同心打造人类命运共同体》的重要讲话。

②2013年5月8日，时任韩国总统朴槿惠在美国国会发表演说，正式提议推行“东北亚和平合作构想”即首尔进程时，首提“亚洲悖论”（Asia Paradox）概念：“东北亚地区如今出现了经济体影响力日益增长，相互依存关系愈发明显，同时历史观分歧明显增大，政治与安全合作呈现退步的所谓‘亚洲悖论’现象。”后来被概括为“安全靠美国、经济靠中国”，甚至拓展为“世界悖论”：安全靠美国、市场靠中国。

筹码、攻击他国的靶子、贸易壁垒的借口”，全球公共卫生危机造成疫苗民族主义、免疫鸿沟，乃至“不问苍生问鬼神”；同时着眼于应对全球性问题挑战，顺应万物互联时代的来临。

构建人类命运共同体，是全球化的必然要求。正如不减排，全球气候变化将使人类无法生存一样，如果不构建人类命运共同体，全球化便没有未来。从这个意义上讲，人类命运共同体视角是从后天看明天。

构建人类命运共同体，是技术变迁的呼唤。人工智能的快速发展考问人何以为人、何以为人类。国际社会确立了人工智能的人类中心原则①，工业 4.0 革命、万物互联时代的来临也为构建人类命运共同体提供了技术支撑。比如，科大讯飞人工智能技术助力医疗和教育，在学习人类顶级专家的知识之后去赋能缺少优质人类资源（如老师和医生）的贫困地区，这在中国得到普遍验证。

在技术变革、新冠肺炎疫情以及全球性变革的背景下，国际共同体的发展面临着新的要求，以适应新的国际环境，维护人类社会的和平与发展。

第一，依托区块链等技术，未来的世界将是一个去中心化

① 人类中心原则。人工智能的使用不得侵害宪法和国际规范保障的基本人权。人工智能的研发、推广、运用应该被用于提升拓展人的能力，使人类获得多元幸福。为了防止人类过度依赖人工智能、恶意使用人工智能操纵人类意思决定的行为，需要把握以下原则：（1）人工智能不仅仅用来代替部分人力劳动，还可以作为高级工具辅助人类，从而拓展人类能力和创造性。（2）在人工智能利用中，人类自己可以判断和决定如何使用人工智能。对使用人工智能带来的后果和责任，根据问题性质在研发、提供、运用等利益相关者之间妥当分配。（3）在人工智能普及过程中，防止出现“信息弱者”和“技术弱者”群体，建立能够使人工智能带来的恩惠普及所有人的、易于使用的系统。引自：李慧敏，《人工智能社会需要怎样的“紧箍咒”》，《光明日报》2019 年 1 月 17 日第 14 版。

的世界，这也使得智能契约诞生成为可能。全球治理需要实现分布式的协同合作，依靠成员共同力量而非中心权威。这也为全球治理带来了全新的挑战与要求。新冠肺炎疫情多地、多点的暴发已经彰显了这一趋势的必要性。去中心化的世界需要解构霸权，实现多层级、多单元治理体系的协作，国际共同体必然要面对这种需求。

第二，互联互通社会的到来使得封闭式的共同体模式不再适应现实，开放性的治理模式需要更多的对话协调机制，需要开放性的身份模式，以及弱化的边界。大数据要求开放边界、共享信息与数据[①]，为国际共同体带来了紧迫的开放性要求。

第三，国际共同体的关切需要面向整体和个体。构建人类命运共同体，意味着国家的需要从自利（self-interest）扩展到共同善（common good）。疫情凸显“人类的利益最终是与他人共同而不是单独实现的”[②]。从理论上解决个人利益与整体利益的统一，在现实保护个体与群体成为共同体必须同时面对的问题。[③] 真实的共同体是人的本质的回归，是人从这种虚假的束缚中解放，再次实现个人利益与公共利益的统一。[④]

① 高奇琦、陈建林：《大数据公共治理：思维、构成与操作化》，《人文杂志》2016 年第 6 期，第 103—111 页。

②Kukathas C. *Liberalism*，*communitarianism*，*and political community*，*Social Philosophy and Policy*，1996（1），P. 91.

③ 蔡昱：《论作为公共卫生伦理基础的“超个体的个体”和“人类生命共同体”——兼论自由主义和社群主义的前提错误》，《中国医学伦理学》2020 年第 4 期，第 389—394 页。

④ 康渝生、胡寅寅：《人的本质是人的真正的共同体——马克思的共同体思想及其实践旨归》，《理论探讨》2012 年第 5 期，第 44—47 页。

《构建人类命运共同体》（中国 李宏钧）通过人类发展的起源、人与自然的关系、科技发展的现状等形象来诠释“构建人类命运共同体”的创作主题，展现世界各国人民同呼吸、共命运的幸福画面

中国传统哲学思想强调人应该“参赞天地之化育”，促使技术尽人之性、尽物之性、尽己之性、尽天地之性。“科技向善”不应只是一种理念，还应融入创新、实践的全过程。

构建人类命运共同体，是应对人类共同危机的要求。

自从“地球村”变得越来越拥挤，居民们为了争夺有限的生活必需品爆发了越来越多的争吵甚至你死我活的拼杀。然而，瘟疫、其他自然灾害、谣言、战争、恐怖主义……一波又一波共同的危机，让一些人开始思索：究竟什么时候人们才可以停止互相伤害，集中力量共同面对危机？

20 世纪刚刚开始的时候，在西方主要资本主义国家诉诸惨烈的世界大战的同时，一些空想家和理想主义者便寻求在国家之外建立一个更理想的联合体，定分止争。但是，一战后成立的“国际联盟”失败了，二战后成立的“联合国”也正在困境中摸索……人们清晰地记得，当战争来临时，一些国家奉行“绥靖政策”或者以事不关己高高挂起的态度来冷眼旁观一个个野心家对其他国家和人民的鲸吞蚕食，也曾记得 20 世纪 30 年代资本主义经济大萧条时包括美国在内的西方国家是如何以邻为壑将危机转嫁他国……

当然，人们也曾取得过不少令人鼓舞的进展，诸如在共同面对全球和区域经济一体化方面成立了一系列的全球性和区域性经济组织，包括命运共同体进化程度最深的欧洲一体化进程；诸如至今仍活跃着或者曾经活跃过的政治军事联盟（它们当然可以被称为命运共同体）北约组织和华约组织等；以及诸如在应对气候变化、恐怖主义和公共卫生安全等全球性危机上所达成的一系列议定书、路线图等共识。

只是，全球人口从1900年的16.5亿增长到如今的78亿，世界越来越拥挤，竞争越来越激烈，人类生命更顽强也更脆弱。而与此同时，世界无政府状态的现实依然没有改变，各自独立的国家行为仍然是国际社会的基本形式，如国际政治经济学家罗伯特·吉尔平所言："国际关系仍然是处在无政府状态的独立行为者之间争取财富和权利的循环斗争。"[①] 核武器的出现并没有让人们放弃使用武力，经济相互依存并不能保证合作能够取代冲突。此外，在自由和民主意识的感召下，民粹主义和保守主义思潮膨胀，让人与人之间同样越来越难以达成共识。

事实上，无论是在影视剧等文艺作品还是在世界主义者的思考中，人类作为一个整体不断出现，但是人们对人类共同危机的关注则要少得多——没有人会真正思考《流浪地球》背后的隐喻，因为那些危机在大多数人看来都只是预言家的梦呓。然而，像新冠肺炎这样的全球性瘟疫却是真实的，它让所有人、所有国家都难以置身事外。

新冠肺炎疫情的全球大流行，成为百年一遇的全球公共卫生危机，欧美成为震中。而中国的积极抗疫，毫无疑问为其他国家应对疫情争取了时间，为人类作出了重要贡献。同时，在这次

①〔美〕罗伯特·吉尔平：《世界政治中的战争与变革》，宋新宁、杜建平译，上海人民出版社2019年版，第5页。

疫情的打击下，中日韩关系有所改善，为人类命运共同体进行了现实的而不是理论上的、口号上的有力注解。这也同时警示了某些国家，面对共同的“敌人”，不应该互相猜疑、嘲弄、诋毁和攻讦，甚至落井下石。

六、构建人类命运共同体是我们星球唯一的未来

古代有天下大同、梵我合一、弥赛亚等理想，近代有胡塞尔的地球诺亚方舟、巴克敏斯特·富勒地球宇宙飞船的理念，人类命运共同体理念继承并超越了它们。人类命运共同体尊重不同国家的主权，主张主权平等的，强调共商、共建、共享的全球治理观。它从中国与世界的命运共同体开始，超越中国与世界的互利双赢，追求利益、责任和命运共同体，具有清晰的现实路径——通过“一带一路”构建全球互联互通伙伴网络，反映了中国外交从和平崛起（自身）、和谐世界（外部）到中国未来与人类未来高度融合，试图寻找各国价值观的最大公约数，走出历史悲剧循环，共同开创美好未来，因而被第七十一届联合国大会主席彼得·汤姆森称“对我而言，这是人类在这个星球上的唯一未来”①。

为什么说构建人类命运共同体是我们星球唯一的未来？

①*Interview:Building community of common destiny the only future for mankind:UN General Assembly president*，www.xinhuanet.com //english / 2017-01/30 / c_136020956-2.htm.

因为人类尝试过的各种安全观、发展观、合作观、文明观、生态观均无以为继，而人类命运共同体倡导新安全观——你安全我才安全，你安全所以我安全，我安全就是我们的安全；新发展观——包容性发展、可持续发展、共同发展；新合作观——平等合作、开放合作、包容合作；新文明观——以文明交流超越文明隔阂、以文明互鉴超越文明冲突、以文明共存超越文明优越；新生态观——美丽、清洁、绿色。

因为我们生活在一个交织的时空，走向万物互联新时代，不能让人工智能、公海、极地、互联网、外太空等新领域再重复地缘政治、零和博弈的旧法则，不能违反人类核心价值。当前的技术革命正深刻改变着世界的交往模式与政治经济形态，甚至重新定义人类。在去中心化的世界中，需要能指导人类安身立命的思想，而这正是人类命运共同体理念的意义。

因为我们生活在不只是相互依存，更是命运与共、休戚相关的地球村。正如全球新冠肺炎疫情所显示的：全球化不只是资本的全球化，也是以人为本的全球化。传统资本导向全球化，相互依存更多是弱者对强者的依存、后发国家对先发国家的依存，更多是链条式而非平等性、相互塑造的依存。

人类命运共同体理念具有对当今时代变化的深刻观察，是在回答时代之问：世界怎么了？我们怎么办？人类向何处去？面对百年未有之大变局，如何实现政治多极化、经济全球化、社会信息化、文化多样化的四位一体？

“习近平总书记深刻阐述的构建人类命运共同体理念，

《交织的时空》（中国　杨洋）紧扣“多彩世界与共同命运”的主题，打破画种技法概念的局限，用重彩矿物色泼彩、综合材料表现的方式，意图展现世界文明发展的多彩画卷。古代波斯文化、古希腊雕像、中国古代石窟艺术都是人类历史上的灿烂文明，不分国界，无问西东

既承载着中国对建设美好世界的不懈追求，也反映了各国人民对世界新秩序的美好期待，受到国际社会特别是广大发展中国家的普遍欢迎和广泛支持。”[①]2017 年集中见证了人类命运共同体是如何进入联合国话语体系的。2 月 10 日，联合国社会发展委员会第五十五届会议协商一致通过“非洲发展新伙伴关系的社会层面”决议，呼吁国际社会本着合作共赢和构建人类命运共同体的精神，加强对非洲经济社会发展的支持。这是联合国决议首次写入“构建人类命运共同体”理念。3 月 17 日，联合国安理会一致通过关于阿富汗问题的第 2344 号决议，呼吁国际社会凝聚援助阿富汗共识，通过“一带一路”建设等加强区域经济合作，敦促各方为“一带一路”建设提供安全保障环境、加强发展政策战略对接、推进互联互通务实合作等。决议强调，应本着合作共赢精神推进地区合作，以有效促进阿富汗及地区安全、稳定和发展，构建人类命运共同体。3 月 23 日，联合国人权理事会第 34 次会议通过关于“经济、社会、文化权利”和“粮食权”两个决议，决议明确表示要“构建人类命运共同体”。这是人类命运共同体重大理念首次载入人权理事会决议，标志着这一理念成为国际人权话语体系的重要组成部分。11 月 1 日，第七十二届联大负责裁军和国际安全事务第一委员会通过了“防止外空军备竞赛进一步切实措施”和“不首先在外空放置武器”两份安全决议，

① 中共中央党史和文献研究院：《科学回答人类前途命运的中国智慧中国方案》，《求是》2021 年第 1 期。

"构建人类命运共同体"理念再次载入这两份联合国决议。

人类命运共同体理念的提出，标志着中国外交从修身（独立自主）、齐家（和平崛起）、治国（外交治理能力与治理体系现代化）到平天下（和谐世界 / 人类命运共同体）的升华，中国与世界的关系从"互利共赢"到"命运与共"的逻辑延伸。

人类命运共同体继承了和谐世界持久和平、共同繁荣的理念，拓展到普遍安全、开放包容、清洁美丽的层面；从各国和谐共处，实现国际关系民主化，发展到人类命运与共，基于国家又超越了国家思维，统筹国家与非国家行为体，统筹秩序安排与价值共享，统筹现实身份与未来归宿，以兼具过程与程序的共同体思维超越和谐世界的目标导向。

人类命运共同体理念，及时回应了"建设一个什么样的世界、如何建设这个世界"的重大时代命题，是习近平外交思想的核心和精髓，是中国引领世界潮流和人类文明进步方向的鲜明旗帜。[①] 这一理念为人类社会实现共同发展、持续繁荣、长治久安绘制了蓝图，反映了中外优秀文化和全人类共同价值追求，顺应了人类社会发展进步的时代潮流，成为新时代中国外交的一面鲜明旗帜。这一理念超越社会制度和发展阶段的不同，站在全人类整体利益的高度审视国与国关系，展现了世界情怀和全球视野，是新时代中国外交追求的崇高目标。

人类命运共同体不是中国发明的，而是中国发现的，它

①《求是》杂志编辑部：《破解"世界之问"的中国方案》，《求是》2021 年第 1 期。

反映了人类共同的心声。

老子曰："人法地，地法天，天法道，道法自然。"构建人类命运共同体是全球化的天道，孕育着人类社会的自然原理，呼唤我辈写出当年牛顿《自然哲学的数学原理》那样的鸿篇巨制——《人类命运共同体的数学原理》，开启人类新时代的文艺复兴。

七、理解人类命运共同体的三个维度

人类命运共同体理念是在一定条件下产生的，是人类智慧的结晶。

（一）时间维度：天涯共此时

人类命运共同体理念超越时空之变，追求究天人之际、通古今之变，着眼于当今世界面临的共同挑战及和平与发展的共同任务。作为构建人类命运共同体的合作平台，"一带一路"倡议在新时期弘扬两千年丝路文明形成的"和平合作、开放包容、互学互鉴、互利共赢"的丝路精神，将中国古代小农经济时代的"天下大同"思想在工业、信息文明时代发扬光大，其目标就是构建人类命运共同体。

1. 复兴：传统价值的时代弘扬。

人类命运共同体思想具有深厚的文明根基。《礼记》"天下大同"思想是农耕文明命运共同体思想的集中体现，"弥赛亚"集中展示了基督教命运共同体思想，"清真言"是伊斯兰命运共同体思想……它们只是人类命运共同体思想的雏形——“天下主义”倡导“天下无外”“化成天下”，是文明的差序结构；基督教、伊斯兰教文明是信仰该教的教徒(同质性)命运共同体，无法包容“非我族类”的异教徒，并非真正的人类命运共同体。人类命运共同体思想在21世纪复兴人类各种文明的理想并扬弃之，不是化成天下、皈依异类，而是鼓励不同发展阶段、不同历史文化背景的国家走符合自身国情的发展道路，让命运掌握在各国人民手上，可谓“天涯共此时”。

2. 包容：包容现代性，建设全球性。

天下大势，合久必分，分久必合。今天的“合”，就是超越国家的狭隘与国际差异，树立人类整体意识。在2017年的联合国日内瓦总部演讲中，习近平主席指出，从360多年前《威斯特伐利亚和约》确立的平等和主权原则，到150多年前日内瓦公约确立的国际人道主义精神；从70多年前联合国宪章明确的四大宗旨和七项原则，到60多年前万隆会议倡导的和平共处五项原则，国际关系演变积累了一系列公认的原则。这些原则应该成为构建人类命运共同体的基本遵循。这表明，人类命运共同体思想继承了人类社会孜孜以求的传统，并在21世纪使之升华，既包容了西方的现代性又超越之，着眼于全球性、整体观。

3. 创新：创造性转化，创新性发展。

人类命运共同体思想是对古今中外、东西南北先贤思想的创造性转化和创新性发展。古有张载“为天地立心，为生民立命，为往圣继绝学，为万世开太平”，今有费孝通“各美其美，美人之美，美美与共，天下大同”，西有康德“永久和平论”，南有泰戈尔“世界上的男女都是梵的形相”，人类命运共同体思想集古今中外、东南西北之大成，打造全球化核心价值观。

（二）空间维度：天涯咫尺

人类命运共同体思想针对世界的多样性，从空间上塑造心理上的地球村，凝聚全人类天涯咫尺的责任感、亲密感和使命感。

1. 我们只有一个地球。

“人类只有一个地球，各国共处一个世界。”命运共同体强调“命运相连，休戚与共”，为了和平、发展、合作、共赢的共同愿景，携手应对共同的危机、共同的挑战。各国只有相互尊重、平等相待，才能合作共赢、共同发展。

人类命运共同体思想在环境上强调可持续发展；坚持绿色低碳，建设一个清洁美丽的世界；构筑尊崇自然、绿色发展的生态体系。

2. 我们共享一个月亮。

近代以来，不少人笃信“外国的月亮比中国的圆”，这个外国，就是西方。这一认知，归根结底是缺乏自信的表现。今天我们发现，其实根本就没有外国的月亮和中国的月亮之分，大家共享同一个月亮。因此，人类命运共同体思想的提出，是中国“四个自信”在世界观上的体现。

2017 年 1 月 18 日，习近平主席在日内瓦万国宫发表的历史性演讲《共同构建人类命运共同体》中，系统阐述了人类命运共同体理念：

——坚持对话协商，建设一个持久和平的世界。国家和，则世界安；国家斗，则世界乱。从公元前的伯罗奔尼撒战争到两次世界大战，再到延续40余年的冷战，教训惨痛而深刻。“前事不忘，后事之师。”我们的先辈建立了联合国，为世界赢得70余年相对和平。我们要完善机制和手段，更好化解纷争和矛盾、消弭战乱和冲突。

——坚持共建共享，建设一个普遍安全的世界。世上没有绝对安全的世外桃源，一国的安全不能建立在别国的动荡之上，他国的威胁也可能成为本国的挑战。邻居出了问题，不能光想着扎好自家篱笆，而应该去帮一把。“单则易折，众则难摧。”各方应该树立共同、综合、合作、可持续的安全观。

——坚持合作共赢，建设一个共同繁荣的世界。发展是第一要务，适用于各国。各国要同舟共济，而不是以邻为壑。各国特别是主要经济体要加强宏观政策协调，兼顾当前和长远，着力解决深层次问题。要抓住新一轮科技革命和产业变革的历史性机遇，转变经济发展方式，坚持创新驱动，进一步发展社会生产力、释放社会创造力。要维护世界贸易组织规则，支持开放、透明、包容、非歧视性的多边贸易体制，构建开放型世界经济。如果搞贸易保护主义、画地为牢，则损人不利已。

——坚持交流互鉴，建设一个开放包容的世界。“和羹之美，在于合异。”人类文明多样性是世界的基本特征，也是人类进步

油画《大爱跨国界　人类同命运》（加拿大　常觉圆）通过展现中国派出眼科专家为海外患者带去光明和援建“一带一路”沿线国家的事迹，表达了中国作为崇尚和平的东方大国，以高速发展协助世界发展的理念

的源泉。世界上有200多个国家和地区、2500多个民族、多种宗教。不同历史和国情，不同民族和习俗，孕育了不同文明，使世界更加丰富多彩。文明没有高下、优劣之分，只有特色、地域之别。文明差异不应该成为世界冲突的根源，而应该成为人类文明进步的动力。

——坚持绿色低碳，建设一个清洁美丽的世界。人与自然共生共存，伤害自然最终将伤及人类。空气、水、土壤、蓝天等自然资源用之不觉、失之难续。工业化创造了前所未有的物质财富，也产生了难以弥补的生态创伤。我们不能吃祖宗饭、断子孙路，用破坏性方式搞发展。

3. 全球公域之治。

命运共同体思想是利益共同体、责任共同体思想的升华，它提出之初主要着眼于周边国家，因为这是中国的安身立命之所、发展繁荣之基。后多用于发展中国家，强调南方意识，最高境界是人类命运共同体。从现实世界延伸到虚拟空间——网络空间命运共同体，从传统领域拓展到全球公域（global commons）——“要秉持和平、主权、普惠、共治原则，把深海、极地、外空、互联网等领域打造成各方合作的新疆域，而不是相互博弈的竞技场”[①]。

（三）自身维度：天涯若比邻

人类命运共同体理念的关键词是人类、命运、共同体。

① 习近平：《论坚持推动构建人类命运共同体》，中央文献出版社2018年版，第419页。

1. 为了人类。

人类命运共同体思想继承和弘扬了联合国宪章的宗旨和原则，是全球治理的共商、共建、共享原则的核心理念，超越西方消极意义上的“同一个地球”“地球村”等概念，形成积极意义上的休戚与共——不仅要在物质层面，还要在制度、精神层面上求同存异、聚同化异，达到天下为公、世界大同的境界。

从人类文明史看，人类命运共同体思想的提出，给国际社会确立了“三同”，化解了“三异”：

——以共同使命化解国家利益冲突。

2018 年 4 月 10 日，在博鳌亚洲论坛 2018 年年会开幕式上的主旨演讲中，习近平主席指出，“从顺应历史潮流、增进人类福祉出发，我提出推动构建人类命运共同体的倡议，并同有关各方多次深入交换意见。我高兴地看到，这一倡议得到越来越多国家和人民欢迎和认同，并被写进了联合国重要文件。我希望，各国人民同心协力、携手前行，努力构建人类命运共同体，共创和平、安宁、繁荣、开放、美丽的亚洲和世界”[①]。

习近平主席的讲话表明，人类命运共同体理念是和平、发展、合作人类主题的高度浓缩和升华，着眼于各国共同发展而非纠缠于国家利益的分歧和冲突。

——以共同目标化解全球化争执。

① 习近平：《论坚持推动构建人类命运共同体》，中央文献出版社 2018 年版，第 522 页。

和平与发展，是人类经历一个多世纪血雨腥风的探索后得出的宝贵启示。然而，当今世界充满不确定性，人们对未来既寄予期待又感到困惑。世界怎么了？我们怎么办？当前，这种担心尤其体现在对全球化前途的迷茫：传统全球化失去目标。构建人类命运共同体赋予国际社会以更宏伟的目标，超越了西式全球化的狭隘。

——以共同身份化解价值观分歧。

中国提出人类命运共同体思想，继承了人类社会孜孜以求的传统，并在 21 世纪使之升华，引领了全球治理、国际合作的新方向。人类命运共同体思想的深远意义是告别意识形态和价值观的对立，追求人类共同价值观。西方有“人人为我，我为人人”名言，东方有“天下大同”思想。“命运共同体”之道具有穿越时空的普遍意义。

2. 命运与共。

从毛泽东的“环球同此凉热”到习近平的“人类命运共同体”，中国共产党人的世界观与时俱进。

构建人类命运共同体包含三个层面的内容：

层面一，命运自主。各国命运要掌握在自己手里，己立是立人的前提。然而，各国命运自主要建立在充分的发展基础之上。中国秉持“以发展促安全，以安全得发展”的辩证思维，实现命运相通。中国积极倡导建立“同呼吸，共命运”的安全伙伴关系，超越“命”与“运”分离的美国双边、多边军事联盟体系。美国以盟国的安全为筹码，胁迫盟国的 5G 建设弃用华为设备，华为公司因此饱受美国长臂管辖之苦。所以，要改变在人家土地上种庄稼的尴尬，改变自身命运被别人掌控的困境，就要掌握核心技术，建立开放包容的国际体系。推而广之，只有共同发展才能共同安全，只有充分发展才有共同命运。

层面二，有机团结（organic solidarity，区分“机械团结”）。命运联通起来，才能改变弱国依附于强国、小国依附于大国的局面。共同发展只有建立在共同安全的基础上才可靠。各国自主选择社会制度和发展道路，尊重彼此推动经济社会发展、改善人民生活的实践，最终才能实现安全与经济协同发展。

层面三，和而不同。各国具有差异性，世界具有多样性，但共同的历史记忆、共同的处境、共同的追求，将各国紧密相连，形成共同身份与认同，塑造共同未来。

3. 重塑共同体。

人类命运共同体思想是对中国与世界关系的宣示：世界好，中国才能好；中国好，世界才更好。更长远的意义则是告别普世价值观的虚伪，追求人类共同价值观。正如习近平主席 2015 年 9 月在第七十届联合国大会一般性辩论时的讲话中指出的：“‘大道之行也，天下为公。’和平、发展、公平、正义、民主、自由，是全人类的共同价值，也是联合国的崇高目标。”[①] 人类命运共同体思想超越国际秩序和意识形态差异，寻求人类最大公约数，塑造以合作共赢为核心的新型国

---

① 习近平：《论坚持推动构建人类命运共同体》，中央文献出版社 2018 年版，第 253—254 页。

际关系，倡导和平发展、共同发展、可持续发展。

构建人类命运共同体，是五千年中华文明与崛起的中国对事关全人类的最基本的问题的响亮回答。这个最基本的问题，就是我们从哪里来，现在在哪里，将到哪里去。

篇一

时间维度：天涯共此时

人类命运共同体思想要通“三统”：

——道统：中华文明和其他人类文明传统。中西方各有“各美其美，美人之美，美美与共，天下大同”“人人为我，我为人人”的思想。印度古哲学思想 Vasudhaiva Kutmbkah（The Whole World is One Family）正是“天下一家”的意思。正所谓“世界是通的”，人类命运共同体思想就是要激发各种传统文明的共鸣，又超越其地域和一神论的狭隘，是全球化时代“最高的善”。

——学统：近代以来国际体系的基本原则。从 360 多年前《威斯特伐利亚和约》确立的平等和主权原则，到 150 多年前日内瓦公约确立的国际人道主义精神；从 70 多年前联合国宪章明确的四大宗旨和七项原则，到 60 多年前万隆会议倡导的和平共处五项原则。这些国际关系基本准则为人类命运共同体理念提供基本遵循，也积累了丰富的实践经验。

——政统：马克思主义“自由人联合体”思想。马克思指出，“人的本质是人的真正的共同体”。人类命运共同体理念将马克思主义时代化，弘扬社会主义公平正义。党的十九大报告描绘的中国共产党的世界初心——为人类的进步事业作出更大贡献，为人类命运共同体建设提供了源源不断的动力。

第一章

道统：创造性转化，创新性发展

不忘本来、吸收外来、面向未来。

——习近平

传统中国文化认为，有四种力量境界：诸道同源之理，万法归一之道，纲举目张之法，提纲挈领之术。构建人类命运共同体是对各种传统文化的创造性转化和创新性发展。

钱穆先生在《中国文化史导论》一书中指出：人类文化从源头看有游牧、农耕和商业三种类型。“游牧、商业起于内不足，内不足则需向外寻求，因此而为流动的，进取的。农耕可以自给，无事外求，并必继续一地，反复不舍，因此而为静定的，保守的。”[①] 在世界整体内在动力不足、可持续发展为唯一选择的全球化时代，游牧、农耕、商业乃至工业文化的差异消失了，世界面临共同的文明挑战。

① 钱穆：《中国文化史导论》（修订本），商务印书馆 1994 年版，序言。

著名汉学家、德国波恩大学教授沃尔夫冈·顾彬认为，中国是欧洲文明的"福分"，中华文化一直为西方文化提供滋养。但长期以来，西方人并不了解中华文化与世界文明的对话历史，更不了解中华文化对世界文明的影响。如果说 20 世纪的德国哲学是"我者"与"他者"的对话，那么今天的世界就是"我者"与"伙伴"的交流，开放对话为当今世界不同文化间互融互鉴、打造人类命运共同体打开了大门。[①]

一位西方学者曾经这样说过，人类的奇遇中最引人入胜的时候，可能就是希腊文明、印度文明[②]和中国文明相遇的时候。希腊哲学强调人 - 自然关系，印度哲学强调人 - 神关系，而中国哲学强调人 - 人关系。

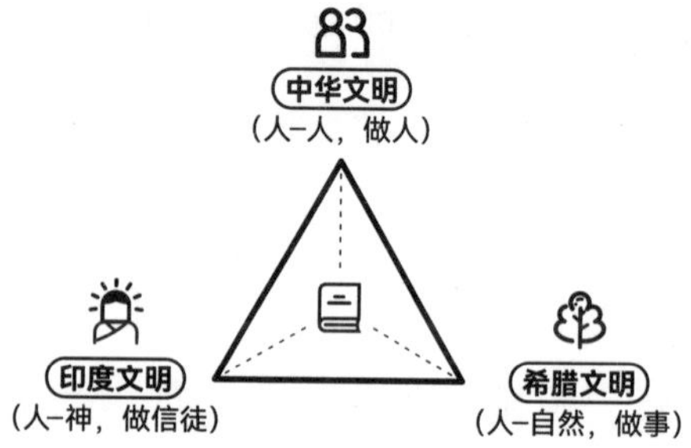

三大世界级文明

今天，这种"引人入胜的时候"由"一带一路"倡议所开启，将三大世界级文明——中华文明（着眼于人 - 人关系，强调做

①《中外学者共话中华文明与世界文明》，《中国青年报》2017 年 9 月 28 日。

② 印度文明缺乏正史记述，也有学者建议代之以希伯来文明，后衍生出基督教文明、伊斯兰教文明（犹太教、基督教、伊斯兰教被称为"亚伯拉罕诸教"）。西方文明的两大源头正是希伯来文明和希腊文明。

人）、印度文明（着眼于人－神关系，强调做信徒）及希腊文明（着眼于人－自然关系，强调做事）再次融通起来，以文明之合，超越文明之分，在 21 世纪再现古丝绸之路将中国的“四大发明”通过阿拉伯传到欧洲的文明历程，对接农耕文明、游牧文明和海洋文明的和合气象。

当然，中、西、印文化的命运观是不同的。西方的“destiny”（命运）观强调必然性。它起源于希腊人“moira”（命运）观，与早期的圣地空间结构相关，后来又与“logos”（逻各斯）联系起来，最后在理性化升级中，成为与“law”（自然规律）类似的东西。对西方文化来讲，命运建立在对必然性认识的基础上。印度的“Pratītyasamutpāda”（命运）观，彰显的是偶然性。印度人的缘起型命运建立在印度哲学的空－幻结构中。它关注现象上的每一因素、条件，注重在时点上偶发的各种互动，即所谓的“samutpāda”（起），命运就在偶然的缘会中产生（起）互动。中国的命运观则体现了必然性与偶然性的统一。在中国人的气化万物中，具体之物因天地之气化而生，称为“命”；一旦产生就有了自己的本质，被称为“性”。产生之后，开始作为具体之物有了生、长、亡的过程。人的这一过程是在天地之间与天地互动而进行的，受天地运行影响，天地运行称为“运”。中国的“命运”内涵，既有宇宙必然生物的必然性的一面，又有产生之后在与天地的互动中而生的偶然性的一面，两者的合一，构成中国的命运观——

既承认必然性，又注重灵活性。[1]

一、和合共生

大道之行也，天下为公。

——《礼记》

《礼记·礼运》中对儒家“天下大同”的思想有这样的描述：

大道之行也，天下为公，选贤与能，讲信修睦。故人不独亲其亲，不独子其子，使老有所终，壮有所用，幼有所长，矜寡孤独废疾者皆有所养。男有分，女有归。货恶其弃于地也，不必藏于己；力恶其不出于身也，不必为己。是故谋闭而不兴，盗窃乱贼而不作，故外户而不闭，是谓大同。

《老子》强调“道生一，一生二，二生三，三生万物。万物负阴而抱阳，冲气以为和”的原则，突出人与自然和谐相处的重要性。

佛教对于和谐的理解更讲究众缘和合，求的是内心的平静与内省。佛教徒把缘（条件）当作教义的核心和基石，也

① 张法：《命运观的中、西、印比较：从“人类命运共同体”英译难点谈起》，《南国学术》2019年第2期，第263—273页。

把它视为世界形成、存在、衰变、终止的基本原理。万物生灭都始自条件，佛法的修行也是一样，重要的是生活在“真相”中，并对世界的“条件”有深入的理解。这一时刻的到来，也就达到佛境（Buddhahood）了。

佛教中国化之后诞生了“月印万川”的哲学理念：“一性圆通一切性，一法遍含一切法。一月普现一切水，一切水月一月摄。诸佛法身入我性，我性同共如来合。”当中蕴含着“万物同一”的深刻哲理，是从中国传统文化的角度出发对佛法的重新阐述。

宋孝宗、永乐皇帝、雍正皇帝不约而同讲过几乎相同的话，叫“儒家治世、佛教治心、道教治身”。也就是说，儒家管社会治理，佛教管精神修养，道教管身体修炼，三教看起来蛮融洽。其实从历史上看，这个道理很简单，在中国，佛教道教没有绝对性和神圣性，所以很难看到宗教之间的辩论，也不大会有宗教之间的战争。这是中国的一个特色。[①]

儒	道	释
共生 Mutualism[②]	共天 Tao	共业 Karma

中华传统文化的人类命运共同体思想

① 葛兆光：《什么才是“中国的”文化》，《决策探索（下半月）》，2015年第9期，第25页。

② 我们至今没有找到一个可与中文“共生”相匹配的英文单词，所以苏长和等人都建议用“共生”的汉语拼音。因为中文的“共生”讲“和而不同”地存在、“和实生物”地发展，讲“和合共生”，而“和合”又相互匹配、契合、协调、调整……“共生”含义如此多样，几乎没有一个英语单词可容纳。日文、韩文倒是有“共生”的说法，发音都与中文类似。

“儒家治世、道家养生、佛家养心”，三者之间不是互相对立排斥而是彼此包容共生。无论是“亲亲，仁民，爱物”的儒家仁爱思想，还是“道大，天大，地大，人亦大”的道家天人合一思想，以及“正见正念，度己度人”的佛家五蕴皆空信仰，都包含和结合了人类经验所共有的四个维度，即自我、社群、自然、天道，它们构成了一种综合、平衡、协调而整齐完备的人文主义。这些思想都是人类命运共同体思想的文化基因。

儒家的共生。儒家学说讲格局，对内是身家国天下，对外则是“差序疆域”。从周的五服，到唐的羁縻，到明清的朝贡，再到现在的伙伴关系，其实都是共生的体现。在中国人的思维里，天下各民族其实没有什么优劣之分，中央王朝区分他们只是要根据不同的对象制定不同的应对策略，儒家学说的秩序论和格局观都非常高级！

佛教的共业。共业其实是一种哲学思想，主张人的因果链是互相影响的，这个其实很像荣格心理学的“集体潜意识”理论。“集体潜意识”理论认为意识分为“个人意识—个人潜意识—集体潜意识”几个层级，人类的潜意识在集体潜意识层面是联通的，而且人类自古以来的共通的记忆会沉淀到集体潜意识中，个人和集体不是对立的，而是一个难以分割的整体（蕴含着丰富的人类命运共同体思想）。

道家的共天。道家学说内化成了中国人的自然信仰，有时候也会被统治阶级所借鉴，甚至还影响周边国家。日本的神道教其实就是道教与日本自然信仰的结合。日本人的精神和历史源头是《日本书纪》，该书开篇的《神代（神的时代）》基本就是道教典籍的写法：

> 神道教中的统治阶级是高天原诸神，日本天皇是天照大神（高天原最高主神）的后裔，八百万自然神是人间的管理者（跟高天原神属于上下级关系但并不直接受高天原神的管辖）。

中国的道家以及后来发展出来的道教在体系上比较复杂，要研究比较原初的道教思想，可以从日本的神道教来反推。但不论是道家、道教还是神道教，都很注重自然信仰和天。

分映万灯，万教归一。综上所知，儒道释教义中包含了不少人类命运共同体思想的雏形。

此外，各家都不约而同地具有“天人一体”的宇宙情怀和“天人一家”的人类情怀：儒家主张“仁者以天地万物为一体”的大生态观，强调人应有生态情感与生态责任，敬畏自然，保护人类共有的生活家园。佛教强调“依正不二”“自他不二”，认为众生生存依止的外在环境——依报，和众生身心本身——正报，二者不可截然分离，一切众生的生存，都必须依赖于其他众生，生命主体与客体相互依存，互为缘起，“一体不二”。道家认为，“天地与我并生，而万物与我为一”（《庄子·齐物论》），人体是小宇宙，自然是大宇宙，人与自然同构。它主张“道法自然”“天人感应”“天人合一”，强调顺应自然规律，遵守自然法则，保护自然环境，节约自然资源，提倡“返璞归真”“崇俭节用”。

中国和中国化之后的宗教及学说的世界观是整体的、关联的，超出种族与国家的局限，把关怀投向全人类。历史上，儒道释三家在东亚的传播都是和平的，从未发生过宗教战争。究其根由，是中华传统文化所推崇的“中和之道”“和而不同”中包含的协调智慧，能够包容矛盾、消弭极端化思想。

这个特点也在伊斯兰教中国化时有所体现。伊斯兰教传入中国后，逐步与中华文化相融合，形成了自己的特色。其中最为突出的，就是把伊斯兰教中道思想与中国传统文化中的“致中和”思想相结合，成就了中国伊斯兰教温和、理性、包容的可贵品格，形成了敬主爱人、守正自洁的优良传统。中国穆斯林把公正、适中作为个人重要的道德修持，形成了做人做事不偏不倚、守中行善的行为规范。中国穆斯林先哲指出：“克己济人，四海可为兄弟。所以同胞不义，对面远如千里；异姓施仁，天涯即是比邻。”[①]

在实践方面，中国社会科学研究院世界宗教研究所研究员黄夏年提出了佛教命运共同体的主张。佛教命运共同体以共同的信仰为基础，超越国家与种族，主张实现人类社会的和平、进步与发展。佛教以其内部差别多元但相互和谐的教派交流著称。不同地域的佛教教派一直保留着相互交流的传统，为佛教教义的发展和人类社会的共同繁荣作出了贡献。将佛教的“中

① 张弩：《中国宗教与构建人类命运共同体：理念与实践》，《人权》2017年第2期。

观”与儒、道相结合而形成的“中道思维”是佛教的重要贡献，即建立和谐、圆融、无碍社会的理念，是“寻求和谐共存的世界观念”，“不会出现当代西方关于‘历史的终结’和‘文明的冲突’的描述”，对国际新秩序的建立，可以发挥出自己的积极作用。①

将佛教放置在全球化的背景下探讨佛教发展一以贯之的核心关切与其他文明的宗教信仰的比较问题，以“自在”取代“自由”被视为实现东西方文明融合的重要纽带。自在是佛教理念，指个人心灵的解脱，达到不受种种外界的物质权力或精神执念所束缚的状态，获得不以物喜不以己悲的证悟。其区别于西方科学文明和宗教文明的二元对立，形成自成一体的心文明。西方科学文明和宗教文明都是在从外界而非人之内心寻找自由之道，因而前者用冰冷的自然规律掩盖终极关怀缺乏的窘境，后者寄托于信仰来接受对超自然世界的论述。心文明肯定科学的理性与西方宗教基于本民族文化的超自然认知，认为尽管超自然认知具有地方文化烙印，但内心世界的感受、认知与领悟能力却是相通的，人类寻求内心解脱、自由自在的愿望也是相通的。佛教通过弘扬这种消解心灵困境的法门，可以增进同其他文明之间的交流，在不改变表面的超自然认知差异的前提下实现世界宗教文明与科学文明之间的智慧共享，形成人类命运共同体。

① 黄夏年：《重构佛教命运共同体，助力“3.0版”国际新秩序》，《中国民族报》2017年4月18日。

二、人人为我，我为人人

Unus pro omnibus，omnes pro uno（人人为我，我为人人）。

——拉丁谚语

美国摇滚乐巨星迈克尔·杰克逊在脍炙人口的歌曲《天下一家》（*We Are the World*）中写道：

There comes a time when we heed a certain call
When the world must come together as one
There are people dying
And it's time to lend a hand to life
The greatest gift of all

We can't go on pretending day by day
That someone, somewhere will soon make a change
We are all a part of God's great big family
And the truth, you know love is all we need

We are the world
We are the children
We are the ones who make a brighter day
So let's start giving
There's a choice we're making

We're saving our own lives
It's true we'll make a better day
Just you and me

Send them your heart
So they'll know that someone cares
And their lives will be stronger and free
As God has shown us by turning stone to bread
And so we all must lend a helping hand

We are the world
We are the children
We are the ones who make a brighter day
So let's start giving
There's a choice we're making
We're saving our own lives
It's true we'll make a better day
Just you and me

When you're down and out, there seems no hope at all
But if you just believe there's no way we can fall
well, well, well
Let's realize that a change can only come

When we stand together as one

We are the world
We are the children
We are the ones who make a brighter day
So let's start giving
There's a choice we're making
We're saving our own lives
It's true we'll make a better day
Just you and me

这一时刻来到了，有人已发出号召：
让天下人民团结在一道！
快快伸出援助的手，将死之人最需要。
对生命，这礼物才是最好。

不要幻想，日复一日地幻想，
说什么有谁会带来奇迹。
在上帝创造的世界里，就包括我和你。
你我都知道：爱才是我们的唯一。

天下一家，我们是未来。
我们要创造光辉灿烂的明天，让我们奉献，
这才是我们的选择，我们在拯救我们自己，

要创造一片新天地，全靠我和你。

献出你的爱心，让他们知道有人在关注。
让生命更加自由、坚强。
按上帝的指示走，一切将改变，哪怕是石头。
我们都应关爱他人，伸出援助之手。

天下一家，我们是未来。
我们要创造光辉灿烂的明天，让我们奉献，
这才是我们的选择，我们在拯救我们自己，
要创造一片新天地，全靠我和你。

当你穷困潦倒，似乎希望渺渺，
但只要坚定信念，就永远不会跌倒。
啊，我们已经明白，好日子终将来到，
只要天下团结在一道。

天下一家，我们是未来。
我们要创造光辉灿烂的明天，让我们奉献，
这才是我们的选择，我们在拯救我们自己，
要创造一片新天地，全靠我和你。

欧盟的盟歌《欢乐颂》也发出了“那里的所有人都结为兄弟”的呼唤：

欢乐啊，美丽神奇的火花，
来自极乐世界的女儿。
天国之女啊，我们如醉如狂，
踏进了你神圣的殿堂。
被时光无情分开的一切，
你的魔力又把它们重新联结。
你温柔的翅膀飞翔到哪里，
那里的所有人都结成兄弟。
……

这与中国的“四海之内皆兄弟”可谓如出一辙。

从历史的角度看，在文明的轴心时代，中欧在诸如“人类”“社会”“自然”等方面有着相近的理解。到了现代，正如尼采所发现的，欧洲失去了原有的平衡：充斥狂热与不稳定（酒神精神），理性与秩序（日神精神）却相应减少。换句话说，现代的欧洲文化过于强势与霸道，具有强烈的征服欲望并且常常以自我为中心。

这种过度以自我为中心的倾向渐渐演变为极端的个人主义，认为只有个人的自由才是值得追求的，这种观念导致了人与人之间的分立和人与社会的对立。20 世纪 80 年代开始盛行的新自由主义是个人主义发展到极致的体现，新自由主义认为整体会压迫个体，并否认社会有共同的目标和追求，新自由主义一度被包装为攻击社会主义和集体主义的工具，但最终在拉美和东欧的新自由主义实践运动中被证明是失败的。

传统的基督教认为人是神创造的，所以人人都是兄弟姐妹，应该彼此体恤相爱，耶稣把爱人如己作为最大的诫命之一，要求基督徒遵行，强调不光基督徒之间应该彼此相爱，基督徒与非基督徒之间也应该和睦相处、以爱相待。西方基督教的“兼爱”思想在个人主义盛行的时代丧失殆尽，“人人为我，我为人人”的口号也就变成了一种美好的愿景。

更何况基督教的理念具有明显的“我们－他者”（us-others）的分野，“人人为我，我为人人”的“人”基本语境是指基督徒。宗教共同体解体后，取代宗教成为西方精神武器的是普世价值观，不接受普世价值观的国家和群体即被视为异端和非人，像这样极化的二元主义是一神教的固有矛盾，当今世界的诸多争端皆源于此。人类命运共同体理念跳出西方“我们－他者”的二元区分，以最大层面的包容——万教归一，帮助西方和世界找回早已丢失的“人人为我，我为人人”精神。

三、万教归一

众人啊！我确已从一男一女创造你们，我使你们成为许多民族和宗族，以便你们相互认识。

——《古兰经》49：13

《古兰经》这句话也就是说，“不同”是不同的民族和部落了解彼此的动力，而不是冲突的原因。“世人原是一个民族”（《古兰经》2:213）也是伊斯兰教的人类命运共同体观。《古兰经》第109章《卡斐伦》第16段还有“你们有你们的信仰，我也有我的信仰”之说。

万教归一。各种宗教、各种文明传统莫不呈现人类命运共同体的智慧：印度教的“梵我合一”催生了泰戈尔“让我们相会于鸟巢”的口号。印度文明的基本哲学是整体观念。宇宙万物都有生命，生命只有一个，却有亿万表现体，伤了别的生命就等于伤了自己的生命。印度轮回转世的观念认为，人和其他万物都可能转换。因此，爱自己就必须爱万物。这就是“命运与共”的基本理论。

远在非洲的乌班图（Ubuntu）思想也蕴含了丰富的人类命运共同体智慧。

“乌班图”一词来自南非的科萨（Xhosa）和祖鲁（Zulu）文化。在祖鲁语中，“Umuntu ngumuntu ngabantu”的意思是“一个人通过其他人才能成为人”，或者“因为我们，所以我存在”。乌班图着眼于人与人之间的忠诚和联系，传递的理念是一个人生来就有义务帮助自己的伙伴与社群。曼德拉发现乌班图是人性的内核，也是一种变革性力量。乌班图精神是撒哈拉以南非洲共同的信仰，兼容人的个性与团结性，以不同的思想表现广泛存在。例如，博茨瓦纳茨瓦纳语中的“mothokemothokabatho”就表达着类似的意思。乌班图也超越了地区的局限，如美国职业篮球联赛中的劲旅波士顿凯尔特人队在获得2007—2008年度冠军时就推崇“乌班图”这一口号。

乌班图不仅是一种崇高的愿景，也对实现这一愿景的路径提出了独到见解。乌班图主张，个人只有和谐地融入自己的社群，自身才能成为高尚的人，而融入社群的进程很大程度上是与伙伴直接面对面、积极地互动而完成的。乌班图不同于西方哲学之处，在于对人际关系的见解，尤其是社群的视角。主流西方思想以个人主义为核心，倡导他人要尊重个体追求自我的权利。乌班图关注的是与自己社群的成员和谐共处，并且成为整体中活跃的、直接的和积极的部分。大部分的西方崇拜主要是在制度化宗教场所中得到表达。而在乌班图，世俗的社群本身就应该是崇拜的对象，并且这种崇拜通过与伙伴成员直接积极互动而获得。

乌班图是脱胎于非洲传统生活实践的理念，强调人与人之间的和谐共处，决策的过程是充分沟通与协商一致，决策的目的是实现群体内部所有人的利益。它既强调实质正义，也强调程序正义，与哈贝马斯的沟通理性存在颇多共同之处。乌班图理念假定人性本善，是一种集体主义的世界观。它后来以真相委员会为载体被成功运用到南非民主化之后的转型正义中，成为介于法律惩罚与无条件宽恕之间的第三条道路。有学者比较了英美式审判进程与非洲土著式沟通或谈判进程。①

①Melton， Ada Pecos (2005). *Indigenous Justice Systems and Tribal Society*. In Wanda D. McCaslin，ed.， *Justice as Healing：Indigenous Ways. Writings on Community Peacemaking and Restorative Justice from the Native Law Centre*. St. Paul， MN： Living Justice Press. pp. 108-120.

英美式	非洲土著式
根据亚里士多德的推理逻辑来发掘真相 关注是否违反法律	承认直觉、感觉、情感与案件存在关联 关注行动对社群或受害者的影响——没有普遍的受害者
专业人士代表诉讼当事人 法院对诉讼当事人做出意向或判决	诉讼当事人积极参与到伤害或决议的界定中 犯罪者被置于更能够理解自己所造成的伤害或更能产生移情的境地
目标是促进社会控制和形成陪审团观念 司法的主要目的是报复与惩罚 法律和秩序本身就是价值所在	目标是关系和社会团结的恢复 司法的主要目的是治愈与和解 法律是保护人、产权和共同体的手段
问责制是惩罚性处罚，或严格遵守法律 整个体系是基于人性本恶与自私的假设 整个体系是建立在个人主义和等级制的价值基础上	问责制包括向受害者和共同体赔偿、道歉和忏悔 整个体系是基于人性本善但会犯错的假设 整个体系是建立在社群主义和平等价值的基础上
权威是集中的（重视权力和权威） 过程是情感中立和受控的	权威是本地化和去中心的（重视联结与关系） 过程是感性的，而且对于与案件直接或间接相关的事实开放
与银行或者其他社会经济制度的联系更加重要 犯罪者被迫遵守法律 调停者受责任感驱使	与家庭或社群的关系更为重要 犯罪者被劝服而遵守规范 调停者为了共同体的健康而自愿增强兴趣和关切
惩罚是为了威慑，这是基于这样的错误观念——犯罪者是选择违反法律的聪明人 过程能够区分犯罪者、受害者和社群	伤害、产权和关系的恢复更为重要，这是基于这样的理解——犯罪者可能是社会经济条件下的受害者 过程让犯罪者、受害者和社群重新融为一体

乌班图具有乌托邦的一面，很多情况下忽视了资源稀缺的现实与效率的重要性。它可以在非洲部落中存在，却未必适用于多元化的南非社会。前者群体内部同质化程度高而且成员间互动频率高，容易形成信任，分配问题相对容易解决。但是多元社会中的分配问题往往会成为政治冲突的根源。南非尽管通过相对和平的手段实现了民主，但却是以承认白人精英的产权合法性为代价的。在民主化之后，南非也逐渐沦为分利集团主导的国家，底层黑人除了自由以外仍然一无所有。

第二章

学统：包容近现代国际体系

理念引领行动，方向决定出路。纵观近代以来的历史，建立公正合理的国际秩序是人类孜孜以求的目标。从三百六十多年前《威斯特伐利亚和约》确立的平等和主权原则，到一百五十多年前日内瓦公约确立的国际人道主义精神；从七十多年前联合国宪章明确的四大宗旨和七项原则，到六十多年前万隆会议倡导的和平共处五项原则，国际关系演变积累了一系列公认的原则。这些原则应该成为构建人类命运共同体的基本遵循。

——习近平

如何对待当今国际秩序，如何对待当今普世价值，如何引领人类未来，是构建人类命运共同体面临的三大考验。换言之，如何应对世界未来挑战从而开创人类文明新范式，直接考验人类命运共同体的合理性、合法性、合目的性。

老子在《道德经》中称，“人法地，地法天，天法道，道法自然”。在老子看来，一切事物效法的对象，最后的指向都是“道”，而“道”则无所效法，它以自身为法则。老子的这句话给人最大的启发在哪里呢？就是你不能用理念的、名称的一套东西来代替世界本身。所谓天，是一种空间概念——基于现实，折射事物存在的合理性；所谓地，是一种时间概念——基于历史，折射事物存在的合法性；所谓道，是一种超越时空的概念——基于未来，折射事物存在的合目的性，即事物的自身本质与存在形式的匹配性。

老子的思想在近代欧洲思想家中得到了呼应，只不过还少了一个“合理性”维度。比如，康德指出：“就其当然而论，人类历史就是合目的的；就其实然而论，人类历史就是合规律的。”[①]可见，东西方理念相同，只是形式有所不同而已。

人类命运共同体思想体现了中华和合文化，包容了现代国际体系，扬弃了普世价值观念，弘扬了联合国宪章的宗旨和原则，是新时代对和平共处五项原则的继承和超越。

一、威斯特伐利亚体系

主权平等，是数百年来国与国规范彼此关系最重要的准则，也是联合国及所有机构、组织共同遵循的首要原则。主权平等，

①〔德〕康德：《历史理性批判文集》，何兆武译，商务印书馆1996年版，译序。

真谛在于国家不分大小、强弱、贫富，主权和尊严必须得到尊重，内政不容干涉，都有权自主选择社会制度和发展道路。在联合国、世界贸易组织、世界卫生组织、世界知识产权组织、世界气象组织、国际电信联盟、万国邮政联盟、国际移民组织、国际劳工组织等机构，各国平等参与决策，构成了完善全球治理的重要力量。新形势下，我们要坚持主权平等，推动各国权利平等、机会平等、规则平等。

日内瓦见证了印度支那和平问题最后宣言的通过，见证了冷战期间两大对峙阵营国家领导人首次和解会议，见证了伊朗核、叙利亚等热点问题对话和谈判。历史和现实给我们的启迪是：沟通协商是化解分歧的有效之策，政治谈判是解决冲突的根本之道。只要怀有真诚愿望，秉持足够善意，展现政治智慧，再大的冲突都能化解，再厚的坚冰都能打破。

“法者，治之端也”。在日内瓦，各国以联合国宪章为基础，就政治安全、贸易发展、社会人权、科技卫生、劳工产权、文化体育等领域达成了一系列国际公约和法律文书。法律的生命在于付诸实施，各国有责任维护国际法治权威，依法行使权利，善意履行义务。法律的生命也在于公平正义，各国和国际司法机构应该确保国际法平等统一适用，不能搞双重标准，不能“合则用、不合则弃”，要真正做到“无偏无党，王道荡荡”。

“海纳百川，有容乃大。”开放包容，筑就了日内瓦多边外交大舞台。我们要推进国际关系民主化，不能搞“一国独霸”

或“几方共治”……

一八六二年，亨利·杜楠先生在《沙斐利洛的回忆》中追问：能否成立人道主义组织？能否制定人道主义公约？“杜楠之问”很快有了答案，次年，红十字国际委员会应运而生。经过一百五十多年发展，红十字成为一种精神、一面旗帜。面对频发的人道主义危机，我们应该弘扬人道、博爱、奉献的精神，为身陷困境的无辜百姓送去关爱，送去希望；应该秉承中立、公正、独立的基本原则，避免人道主义问题政治化，坚持人道主义援助非军事化。①

主权平等、维护和平、遵循法治、多边外交、人道主义是联合国成员所共同遵守的原则。人类命运共同体在遵守这些原则的同时，又融入了许多具有中国特色的全球治理观，譬如“一多不分观”，这种能很好地处理整体性与特殊性的哲学观点可以为现今国际关系中暴露出的许多问题（如“无政府状态”和“国内－国际”二分）提供解决思路。

与西方分的哲学观不同，“一多不分观”是表述中国传统生生不息宇宙论的哲学术语，指的是天地万物“一”与“多”的不可分割的相互关系——任何所谓单子个体同它所处情势环境的不间断延续性以及在这个意义上它的特殊性和它的环境多样性的共生共存自然状态。这是一种关系特殊性与整体性的相融互通，

① 习近平：《论坚持推动构建人类命运共同体》，中央文献出版社 2018 年版，第 416—418 页。

是在人们一般价值、意愿和行为的不恰当性所造成的关系紧张状态之中产生的共享与和谐的自然动态。更为重要的是，“一多不分”描绘的是事物的内在关系，是将任何具体特殊事物的“一”同必然作为它场域的各种互相关系形态的“多”，一起视为一个浑然而一之体。这样看，什么可引导我们的行为，可促进人类实现其高度和谐、儒家思想意义上的协调呢？人与人的非有限游戏的无限关系就处在了首要地位，这样具有独特性的个人自然获得了自己的认同，也同时对给他提供了存在情境的他物施展了自己的影响。

美国汉学家安乐哲指出，中国哲学文化传统，同“无限游戏”共鸣，与一般国际关系理论有重要区别，就在于“国家间”（inter-national）关系与“国家内”（intra-national）关系的不同。我们使用“inter-”（之间的）是将单子个体的、可比较的两个或多个实体连接到一块。现在“个人”电脑访问“互联网”（“之间”+“网络”：inter-net）；网络是由各个单子个体节点连接在一起的网体。但是与此不同，“intra-”（之内），也即“在里”“在内”，它指的是诸多特殊事物互相之间不是外在绑结的，而是具有彼此相互的、内在的关系。“之内”（intra-）是这样的含义：不存在外部的内部。它的指向很强调情势域境，即我们讲的“一多不分观”——全球秩序始终是一切秩序都在变化的、充满活力的、不加虚构抽象的浑然一体。没有任何某一秩序享有特权、居于上位主宰。提出“国家内”（intra-national）的新词对应“国际”（inter-national），理由是与相互独立、单子个体化、具有居于上位主宰的各政体组织间的外部关系不同，“国家内”（intra-national）的意义是，一个内在关系的一体，是在一体性“政体组织的场域”，每个“政体组织”对全体都有自己独特的理解角度，而且每个政体组织彼此都无不处于相互内在关系中，这样一些政体组织构成我们共享、相互依存、相互影响，必不可少的社会政治认同。“国家内”（intra-national）呈现的，是对“焦点 / 场域”的“一多不分”关系性的理解。在这个理解上，“国家内”（intra-national）关系是无限的生态，而且是从该生态出发的、对一切关系的具体说明。因此，每一个政体组织都具有整体性、全息性。①

人类命运共同体理念强调尊重不同国家的主权平等，这是其对传统国际关系中威斯特伐利亚体系的继承。它更是对传统国际关系的超越，尤其体现在超越国际关系的国家性，因为人类命运共同体的对象不光是主权国家，还包括国际组织、国内部落、团体等。

摒弃狭隘的国家性，以全人类整体利益为出发点的人类命运共同体理念的提出，预示着后西方世界的真正来临。

“推动构建人类命运共同体，是习近平总书记站在世界历史高度提出的中国方案，不仅有助于化解世界上不同国家之间的利益羁绊，也有助于破解当前国际关系领域流行的形

① 〔美〕安乐哲：《“一多不分”视域中的人类命运共同体》，《光明日报》2019 年 7 月 6 日。

而上学思维。”[①]

首先，有助于破解“国强必霸”的片面性思维，打破西方学者臆造的“修昔底德陷阱”幻象。西方学界和政界一贯秉持“强权即真理”的霸权思维，坚信国家间的政治就是以实力为基础的强权政治。美国学者艾利森依据古希腊历史学家修昔底德《伯罗奔尼撒战争史》中的论述，别出心裁地提出所谓“修昔底德陷阱”，以论证新崛起大国（崛起国）必然要挑战现存大国（霸权国），导致战争变得不可避免。这种论调为“中国威胁论”提供了理论基础，因而在西方国家很有市场。习近平主席高举构建人类命运共同体的旗帜，指出：“偏见和歧视、仇恨和战争，只会带来灾难和痛苦。相互尊重、平等相处、和平发展、共同繁荣，才是人间正道。”[②]主张国家不分大小、强弱、贫富一律平等，承诺中国永不称霸、永不扩张、永不谋求势力范围，打破了国强必霸、弱肉强食的形而上学思维逻辑，展现了一种公平正义、合作共赢的全新哲学思维理念。

其次，有助于破解“零和博弈”的恶性竞争思维，打造共商共建共享的新型国际治理模式。当前，世界各国积极应对经济全球化潮流，努力构建新的竞合关系，追求“双赢”利益新格局。但少数西方国家依旧停留在“零和博弈”的旧思维里，奉行强权政治、霸权主义、单边主义，西方敌对势

① 谭苑芳：《构建人类命运共同体的哲学意义》，《光明日报》2019年4月8日。
② 习近平：《论坚持推动构建人类命运共同体》，中央文献出版社2018年版，第230页。

力对我国实施“西化”“分化”的政治图谋，一刻也没有停止过。习近平主席提出构建人类命运共同体的理念，以“对话而不对抗，结伴而不结盟”的原则彻底扬弃和超越传统的你输我赢的“零和博弈”思维，从人类共同利益的角度超越了意识形态藩篱、超越了社会制度对立、超越了发展水平差异，无疑是一种具有全局性眼光和世界性视域的发展理念。

最后，有助于破解“中心－边缘”的不平等思维，构建更加公平合理的世界政治经济新格局。马克思指出，随着历史向世界历史的转变，西方殖民者“把一切民族甚至最野蛮的民族都卷到文明中来了”[①]，形成了以少数西方发达国家为“中心”、其他国家为“边缘”的国际发展格局，使广大发展中国家长期处于生产和价值链的末端。习近平主席指出：“各国要树立命运共同体意识，真正认清‘一荣俱荣、一损俱损’的连带效应，在竞争中合作，在合作中共赢。在追求本国利益时兼顾别国利益，在寻求自身发展时兼顾别国发展。”[②]习近平主席提出推动构建人类命运共同体，有助于构建更加合理的国际政治经济新格局。

人类命运共同体看人类整体，以共同体思维超越国际关系思维，以（民族）国家为单元，从双边到多边，为多边主义寻找到价值依归。正如习近平主席指出的：“多边主义的要

---

①《共产党宣言》，人民出版社 2014 年版，第 31 页。

② 习近平：《论坚持推动构建人类命运共同体》，中央文献出版社 2018 年版，第 38 页。

义是国际上的事由大家共同商量着办，世界前途命运由各国共同掌握。”[①]

人类命运共同体超越了相互依存理论。相互依存理论中的相互依存，过去是弱者依存于强者，如今是强者也反对供应链的相互依存，主张全球供应链“去中国化”。而人类命运共同体则超越了消极的依附、排他性相互依存，倡导构建平等、包容的共生模式。

人类命运共同体也超越了一体化理论。以欧盟为代表的地区一体化主张国家主权让渡，如今又回到欧洲主权概念，因此，出现了英国脱欧的情形。欧盟的“多元一体”在政治碎片化的今天出现“多元”而非“一体”的尴尬，证明地区一体化上升不到全球一体化，甚至会产生排他性、歧视性后果。相应地，多边主义只有上升到全球层面才是包容的、可持续的、正义的；共同体只有上升到人类层面，才不具有同质性的宗教、国家、区域共同体的外溢性、排他性，才能实现亚里士多德“最高的善”、孔子“止于至善”的目标。

因此，不能以一体化理论的思维去理解人类命运共同体。欧洲的一体化理论，要求的是主权让渡，最终建立超越主权的主体。这仅仅适用于欧洲的现实，对于广大发展中国家，尤其是拥有被殖民记忆的国家来说，几乎是不可接受的。而且欧洲近年来回归

---

① 习近平：《让多边主义的火炬照亮人类前行之路——在世界经济论坛“达沃斯议程”对话会上的特别致辞》（2021 年 1 月 25 日，北京），http：//www.xinhuanet.com/politics/leaders/2021-01/25/c_1127023884.htm。

主权，提出“技术主权”“欧盟主权”概念。以超国家性为特点的“共同体方法”近年来也日益让位于以强调政府间协调行动为特点的“联盟方法”。世界的现实是，我们需要一套既立足整体又保护个体的方案，而这正是人类命运共同体在支持国家主权完整独立方面的追求。这不是西方二元对立思想所能实现的，只有通过辩证中道的思维方可。

人类命运共同体超越线性进化历史观。欧盟从笃信“前现代—现代—后现代”的线性进化论，到如今要打造地缘政治的欧盟委员会，回归民族主义、民粹主义，证明了历史逻辑的非线性。

习近平主席指出：“这个世界，各国相互联系、相互依存的程度空前加深，人类生活在同一个地球村里，生活在历史和现实交汇的同一个时空里，越来越成为你中有我、我中有你的命运共同体。”[①] 这是对西方国际关系理念的超越。

二、联合国宪章

作为当今世界最具合法性的国际多边主义组织，联合国理应成为全球治理的主体。人类命运共同体思想继承并弘扬了联合国宪章的宗旨和原则，将联合国目标概括为五大支柱。

① 习近平：《论坚持推动构建人类命运共同体》，中央文献出版社 2018 年版，第 5 页。

持久和平：消除战乱、维护和平，缔造和平、捍卫和平。和平来之不易，和平需要争取，和平需要维护。中国倡导国家之间要构建对话不对抗、结伴不结盟的伙伴关系，大国之间，要尊重彼此核心利益和重大关切，管控矛盾分歧，努力构建不冲突不对抗、相互尊重、合作共赢的新型关系；大国对小国，要“平等相待，不搞唯我独尊、强买强卖的霸道”。

普遍安全： 安全应该是普遍的、平等的、包容的，鲜明倡导“树立共同、综合、合作、可持续的安全观”，为加强全球安全治理指出了切实可行的路径。共同，就是要尊重和保障每一个国家安全；综合，就是要统筹维护传统领域和非传统领域安全；合作，就是要通过对话合作促进各国和本地区安全；可持续，就是要发展和安全并重以实现持久安全。

共同繁荣：水涨船高，小河有水大河满，大家发展才能发展大家。各国在谋求自身发展时，应该积极促进其他国家共同发展，让发展成果更多更好惠及各国人民。加强协调、完善治理，推动建设一个开放、包容、普惠、平衡、共赢的经济全球化。

开放包容：文明因多样而交流，因交流而互鉴，因互鉴而发展。要以文明交流超越文明隔阂、文明互鉴超越文明冲突、文明共存超越文明优越，促进不同文明在交流互鉴中共同前进，建设一个开放包容的世界。

清洁美丽：绿水青山就是金山银山。我们应该遵循天人合一、道法自然的理念，寻求永续发展之路。具体来说，就是“倡导绿色、低碳、循环、可持续的生产生活方式，平衡推进 2030 年可持续发展议程，不断开拓生产发展、生活富裕、生态良好的文明发展道路”。中国将采取更加有力的政策和措施，力争 2030 年前二氧化碳排放达到峰值，努力争取 2060 年前实现碳中和。

联合国 2030 年可持续发展议程 17 个目标[①]

尽管北约宪章也是在联合国宪章下开展工作的，但具有

① 联合国 2030 年可持续发展议程 17 个目标是：1. 在全世界消除一切形式的贫困。2. 消除饥饿，实现粮食安全，改善营养状况和促进可持续农业。3. 确保健康的生活方式，促进各年龄段人群的福祉。4. 确保包容和公平的优质教育，让全民终身享有学习机会。5. 实现性别平等，增强所有妇女和女童的权能。6. 为所有人提供水和环境卫生并对其进行可持续管理。7. 确保人人获得负担得起的、可靠和可持续的现代能源。8. 促进持久、包容和可持续的经济增长，促进充分的生产性就业和人人获得体面工作。9. 建造具备抵御灾害能力的基础设施，促进具有包容性的可持续工业化，推动创新。10. 减少国家内部和国家之间的不平等。11. 建设包容、安全、有抵御灾害能力和可持续的城市和人类住区。12. 采用可持续的消费和生产模式。13. 采取紧急行动应对气候变化及其影响。14. 保护和可持续利用海洋和海洋资源以促进可持续发展。15. 保护、恢复和促进可持续利用陆地生态系统，可持续管理森林，防治荒漠化，制止和扭转土地退化，遏制生物多样性的丧失。16. 创建和平、包容的社会以促进可持续发展，让所有人都能诉诸司法，在各级建立有效、负责和包容的机构。17. 加强执行手段，重振可持续发展全球伙伴关系。

明显的排他性和假想性，在解决自身安全关切的过程中又制造出更多的安全问题，这是西方二元排他性思维方式的宿命——解决一个问题又制造新的问题。

人类命运共同体思想超越北约集体安全原则（第五条）：one for all；all for one——只服务于联盟成员，对非成员国不闻不问；同时也丰富了联合国以国家为单位的全球多边体系，在关注主权国家之余，增加了对国内部落、非政府组织及跨国公司的关注，是真正的以人为本的全球化。

经济全球化、政治多极化、文化多样化、社会信息化，是冷战结束后世界的主要特征，如何统筹各方、实现四位一体呢？

——经济全球化。整合世界三大原力——美国所代表的创新力，欧盟所代表的规范力，中国所代表的市场力，提倡竞争性合作，为全球经济赋能。

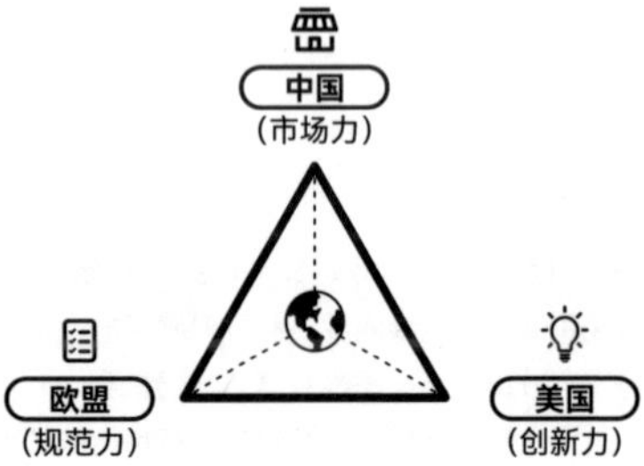

经济全球化：世界三原力

——政治多极化。发掘中、美、俄三国在全球治理方面的互补性，更好地服务于世界和平与发展。

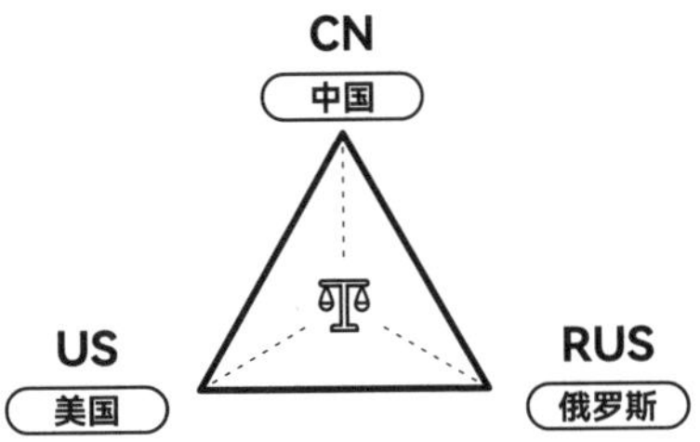

政治多极化：三大独立体系

——文化多样化。促进不同文明之间的融合与发展，采集各家所长，共塑人类新文明。

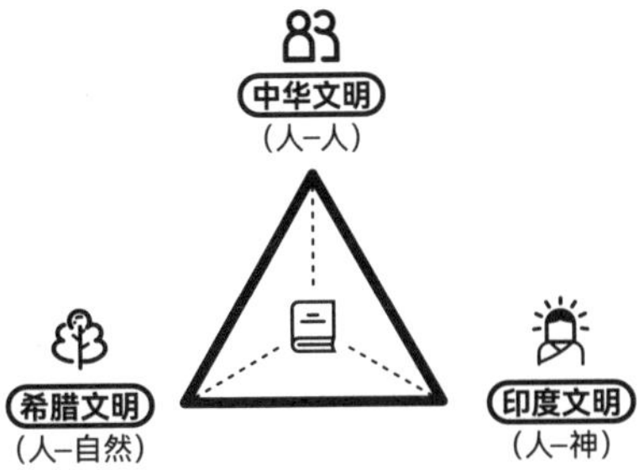

文化多样化：三大文明

——社会信息化。升级现有互联网，打造万物互联的信息社会。

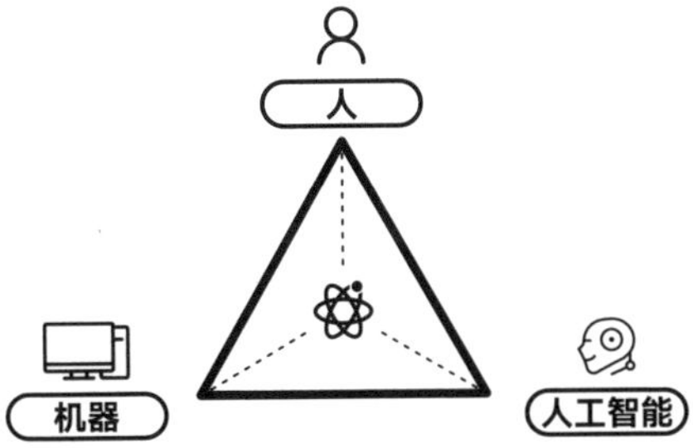

社会信息化：人—机器—人工智能

2017年2月，人类命运共同体理念首次写入联合国决议，随后又被陆续写入联合国大会、安理会、人权理事会及相关国际组织重要文件，得到国际社会广泛认同。“人类命运共同体理念，既是对联合国宪章宗旨和原则的继承和发扬，更为国际法的发展开辟了新境界，指明了新方向，提供了新动力。”①

坚定维护以联合国为核心的国际体系，坚定维护以联合国宪章宗旨和原则为基石的国际关系基本准则，同各国一道，坚守多边主义，维护公平正义，也是中国军队的神圣使命。正如国务院新闻办公室2020年9月发布的《中国军队参加联合国维和行动30年》白皮书指出的：“当今世界，冲突地区人民依然饱受战乱之苦，对和平的渴望更加强烈，对联合国的期待更加殷切，对维和行动的期盼更加迫切。各国应相互尊重、平等相待，以最大诚意和耐心，坚持通过对话协商解决矛盾和问题，不能动辄诉诸武力或以武力相威胁，破坏世界和平、损害主权国家利益。各国应增强人类命运共同体意识，弘扬人道主义精神，更加坚定支持和积极参加联合国维和行动。中国将继续履行大国责任，加大对联合国维和行动的支持力度，同其他国家一道，推动联合国维和行动改革朝着健康合理方向发展。中国军队将继续加大联合国维和行动参与力度，全面提升维和能力，忠实履行使命任务，为维护世界和平作出更大贡献。”

① 杨洁篪：《深刻认识和用好国际法　坚定捍卫国家利益　共同维护世界和平与发展》，《求是》2020年第20期。

三、和平共处五项原则

1953 年 12 月，中国政府同印度政府就两国在西藏地方的关系问题进行谈判，周恩来在会见印度代表团时第一次提出和平共处五项原则，即“互相尊重领土主权、互不侵犯、互不干涉内政、平等互惠、和平共处”。1954 年 6 月 28 日、29 日，周恩来在访问印度、缅甸期间，分别与印度总理尼赫鲁和缅甸总理吴努发表联合声明，共同倡导和平共处五项原则。1955 年 4 月万隆亚非会议期间，周恩来将“互相尊重领土主权”表述为“互相尊重主权和领土完整”。至此，和平共处五项原则的表述方式就被确定下来：互相尊重主权和领土完整，互不侵犯，互不干涉内政，平等互利，和平共处。

这五项原则是在建立各国间正常关系及进行交流合作时应遵循的基本原则，是中国奉行独立自主和平外交政策的基础和完整体现，被世界上绝大多数国家接受，成为规范国际关系的重要准则。

中国是和平共处五项原则的积极倡导者和坚定实践者。和平共处五项原则载入了中国宪法，是中国外交政策的基石。习近平主席在和平共处五项原则发表 60 周年纪念大会上的讲话，提出“六个坚持”：

第一，坚持主权平等。主权是国家独立的根本标志，也是国家利益的根本体现和可靠保证。主权和领土完整不容侵犯，各国应该尊重彼此核心利益和重大关切。这些都是硬道理，任何时候都不能丢弃，任何时候都不应动摇。

国家不分大小、强弱、贫富，都是国际社会平等成员，都有平等参与国际事务的权利。各国的事务应该由各国人民自己来管。我们要尊重各国自主选择的社会制度和发展道路，反对出于一己之利或一己之见，采用非法手段颠覆别国合法政权。

第二，坚持共同安全。安全应该是普遍的。各国都有平等参与国际和地区安全事务的权利，也都有维护国际和地区安全的责任。我们要倡导共同、综合、合作、可持续安全的理念，尊重和保障每一个国家的安全。不能一个国家安全而其他国家不安全，一部分国家安全而另一部分国家不安全，更不能牺牲别国安全谋求自身所谓绝对安全。我们要加强国际和地区合作，共同应对日益增多的非传统安全威胁，坚决打击一切形式的恐怖主义，铲除恐怖主义滋生的土壤。

对待国家间存在的分歧和争端，要坚持通过对话协商以和平方式解决，以对话增互信，以对话解纷争，以对话促安全，不能动辄诉诸武力或以武力相威胁。热衷于使用武力，不是强大的表现，而是道义贫乏、理念苍白的表现。只有基于道义、理念的安全，才是基础牢固、真正持久的安全。我们要推动建设开放、透明、平等的亚太安全合作新架构，推动各国共同维护地区和世界和平安全。

第三，坚持共同发展。天空足够大，地球足够大，世界也足够大，容得下各国共同发展繁荣。一些国家越来越富裕，另一些国家长期贫穷落后，这样的局面是不可持续的。水涨船高，小河有水大河满，大家发展才能发展大家。各国在谋求自身发展时，应该积极促进其他国家共同发展，让发展成果更多更好惠及各国人民。

我们要共同维护和发展开放型世界经济，共同促进世界经济强劲、可持续、平衡增长，推动贸易和投资自由化便利化，坚持开放的区域合作，反对各种形式的保护主义，反对任何以邻为壑、转嫁危机的意图和做法。

我们要推动南南合作和南北对话，增强发展中国家自主发展能力，推动发达国家承担更多责任，努力缩小南北差距，建立更加平等均衡的新型全球发展伙伴关系，夯实世界经济长期稳定发展基础。

第四，坚持合作共赢。“合则强，孤则弱。”合作共赢应该成为各国处理国际事务的基本政策取向。合作共赢是普遍适用的原则，不仅适用于经济领域，而且适用于政治、安全、文化等其他领域。

我们应该把本国利益同各国共同利益结合起来，努力扩大各方共同利益的汇合点，不能这边搭台、那边拆台，要相互补台、好戏连台。要积极树立双赢、多赢、共赢的新理念，摒弃你输我赢、赢者通吃的旧思维，“各美其美，美人之美，美美与共，天下大同”。

我们要坚持同舟共济、权责共担，携手应对气候变化、能源资源安全、网络安全、重大自然灾害等日益增多的全球性问题，共同呵护人类赖以生存的地球家园。

第五，坚持包容互鉴。文明多样性是人类社会的基本特征。当今世界有七十亿人口，二百多个国家和地区，二千五百多个民族，五千多种语言。不同民族、不同文明多姿多彩、各有千秋，没有优劣之分，只有特色之别。

“万物并育而不相害，道并行而不相悖。”我们要尊重文明多样性，推动不同文明交流对话、和平共处、和谐共生，不能唯我独尊、贬低其他文明和民族。人类历史告诉我们，企图建立单一文明的一统天下，只是一种不切实际的幻想。

尺有所短，寸有所长。我们要倡导交流互鉴，注重汲取不同国家、不同民族创造的优秀文明成果，取长补短，兼收并蓄，共同绘就人类文明美好画卷。

第六，坚持公平正义。“大道之行也，天下为公。”公平正义是世界各国人民在国际关系领域追求的崇高目标。在当今国际关系中，公平正义还远远没有实现。

我们应该共同推动国际关系民主化。世界的命运必须由各国人民共同掌握，世界上的事情应该由各国政府和人民共同商量来办。垄断国际事务的想法是落后于时代的，垄断国际事务的行动也肯定是不能成功的。

我们应该共同推动国际关系法治化。推动各方在国际关系中遵守国际法和公认的国际关系基本原则，用统一适用的规则来明是非、促和平、谋发展。“法者，天下之准绳也。”在国际社会中，法律应该是共同的准绳，没有只适用他人、不适用自己的法律，也没有只适用自己、不适用他人的法律。适用法律不能有双重标准。我们应该共同维护国际法和国际秩序的权威性和严肃性，各国都应该依法行使权利，反对歪曲国际法，反对以“法治”之名行侵害他国正当权益、破坏和平稳定之实。

我们应该共同推动国际关系合理化。适应国际力量对比新变化推进全球治理体系改革，体现各方关切和诉求，更好维护广大发展中国家正当权益。[①]

党的十九大报告指出，中国积极发展全球伙伴关系，扩大同各国的利益交汇点，推进大国协调和合作，构建总体稳定、均衡发展的大国关系框架，按照亲诚惠容理念和与邻为善、以邻为伴周边外交方针深化同周边国家关系，秉持正确义利观和真实亲诚理念加强同发展中国家团结合作。

人类命运共同体理念是对和平共处五项原则的继承和发展，跟和平共处五项原则分处不同的时空，是新时代面对新的国际环境提出的新理念。过去的和平共处五项原则针对的主要是主权国家和依附于民族国家的国际组织、非政府组织和超国家组织等单位，而人类命运共同体的构成单元则更为广泛和多元，所有由人类所结成的，促进人类命运朝着更好的方向发展的组织团体，乃至个人都可以是人类命运共同体的构成主体。人类命运共同体在和平共处五项原则的基础上提出了更高的要求，不光着眼于和平共处，更多寄望于共同的发展，共同维护人类共同体的整体利益，“共建”“共治”“共享”“共赢”，开创人类文明新篇。

① 习近平：《论坚持推动构建人类命运共同体》，中央文献出版社 2018 年版，第 130—134 页。

第三章

政统：21 世纪马克思主义

中国特色社会主义进入新时代，意味着近代以来久经磨难的中华民族迎来了从站起来、富起来到强起来的伟大飞跃，迎来了实现中华民族伟大复兴的光明前景；意味着科学社会主义在二十一世纪的中国焕发出强大生机活力，在世界上高高举起了中国特色社会主义伟大旗帜；意味着中国特色社会主义道路、理论、制度、文化不断发展，拓展了发展中国家走向现代化的途径，给世界上那些既希望加快发展又希望保持自身独立性的国家和民族提供了全新选择，为解决人类问题贡献了中国智慧和中国方案。

——习近平

党的十九大报告开篇即强调，“中国共产党是为中国人民谋幸福的政党，也是为人类进步事业而奋斗的政党。中国共产党始终把为人类作出新的更大贡献作为自己的使命”。这凸显了中国共产党人的历史自觉、国际视野和世界关怀，说明我们党从建党开始，就把中国人民的幸福与世界人民的幸福紧紧连接在一起，就充分意识到中国共产党应当具备国际主义精神。这不仅是党代会报告外交思路的调整，更体现了中国共产党胸怀世界，今后的外交需要从“为世界人民服务”这个角度理解。

“中国共产党为什么能，中国特色社会主义为什么好，归根到底是因为马克思主义行！”① 人类命运共同体思想是马克思主义时代化最新成果，也是同中华优秀传统文化相结合的最新成果，创造了人类文明的新形态。马克思主义关于世界历史、自由人联合体、社会主义的论述，为人类命运共同体思想提供政统源泉。

一、真正的世界历史

哲学家赵汀阳指出：“世界史是一个可疑的概念。人类尚未做到‘以世界为世界’。因此，作为世界之世界（the world qua a world）尚未存在。在这样的情况下，世界史是一种误导性的虚构。我们生活在其中的‘世界’至今仍然只是一个物理意义上的世界，即地球，尚未成为一个能够以世界利益去定义并且为所有人共享的世界，因此，我们所在的世界，除了物理性质，并无政治身份或政治的存在秩序，所以说，‘世

① 习近平：《在庆祝中国共产党成立100周年大会上的讲话（2021年7月1日）》，《人民日报》2021年7月2日。

界’至今还是一个非世界（non-world）。

“在这个非世界的世界上，至今还没有一种普遍共享的历史。在现代之前，各地各有自身的历史。现代的殖民运动、开拓海外市场运动以及帝国主义运动似乎把世界各地联系在一起，各地的多样历史（histories）被欧洲的历史组织到一起，成为交织的历史（a complex history of histories），然而，这并不是世界史，只不过是欧洲势力的扩展史，世界各地的历史在欧洲霸权故事中只是被动或附庸的情节。以欧洲扩张史冒充世界史，是至今流行的所谓世界史的基本模板。现代发展到极致而产生的全球化运动确实把所有人卷入到一个无处不在而难解难分的游戏之中，但到目前为止，仍然没有产生出能让所有人普遍接受的游戏规则。世界发生着一个无人能够脱身的博弈游戏，却没有成为一个共享的世界，因而只是一个失效世界（a failed world）。全球化看起来是现代性自身发展出来的掘墓人，至少使现代游戏陷入自身导致的混乱而失去前途，特别是，全球化使得现代帝国主义支配世界的种种策略遭遇到各种不可测的反作用，世界也因此陷于失序状态。这虽然是灾难性的，但也是创造游戏新规则的时机。

…………

“真正的世界史必以世界秩序为开端去叙述人类共同生活。世界秩序不是某个霸权国家或列强联盟统治世界的秩序，而是以世界共同利益为准的世界主权秩序；不是一国为世界建立的游戏规则，而是世界为所有国家建立的游戏规则。周朝的天下体系只是覆盖有限地域的'世界性'政治秩序，是世界政治的一个概念性实验，是世界历史的预告。世界至今尚未变成天下，真正的世界历史尚未开始。"①

民族解放运动兴起，一大批亚非拉国家获得独立，并活跃在世界政治舞台上。正是基于这样的事实，英国学者G.巴勒克拉夫在其文集《处于变动世界中的历史学》中，最先明确提出全球史和全球史观。他认为：西方史学需要"重新定向"，史学家应该从欧洲和西方跳出，将视线投射到所有的地区和时代。美国学者斯塔夫里阿诺斯撰写了享有全球史代表作之誉的《全球通史：从史前史到21世纪》。他的观点和G.巴勒克拉夫一致，即20世纪60年代以来的后殖民世界使一种新的全球史成为必需，新世界需要新史学。他认为，每个时代都要书写它自己的历史。不是因为早先的历史书写得不对，而是因为每个时代都会面对新的问题、产生新的疑问、探求新的答案。

马克思、恩格斯说："各民族的原始封闭状态由于日益完善的生产方式、交往以及因交往而自然形成的不同民族之间的分工消灭得越是彻底，历史也就越是成为世界历史。"②真正意义上的世界史，则是构成这个世界的各个国家各自的文化宗旨达成共识阶段。这就是提出人类命运共同体的初衷。人类进入世界历史时代后，"每个文明国家以及这些国家中的每一个人的需要的满足都依赖于整个世界"，各民族由地

① 赵汀阳：《天下的当代性：世界秩序的实践与想象》，中信出版社2016年版，第207—209页。

②《马克思恩格斯选集》（第一卷），人民出版社2012年版，第168页。

域性存在向世界历史性存在转化。在全球化凸显出“命运共同体”的情势下，构建人类命运共同体必然获得历史提供的经验基础，成为大势所趋、人心所向。

世界历史以尊重国家利益、承认民族差异为前提。“物之不齐，物之情也。”世间万事万物总是千差万别、异彩纷呈的，只有尊重差异，才能平等交流、互鉴互助。推进人类命运共同体建设，旨在促进国家、国际组织之间的协商与合作，必须以尊重国家利益、承认民族差异为前提。具体而言，要坚持“各国主权范围内的事情只能由本国政府和人民去管，世界上的事情只能由各国政府和人民共同商量来办”。倡导世界各国人民共同掌握世界命运，尊重世界各国自主选择社会制度和发展道路的权利，尊重各国根据本国历史传统和国情所选择的社会制度和发展道路。

习近平总书记在纪念马克思诞辰 200 周年大会上的重要讲话中指出，“学习马克思，就要学习和实践马克思主义关于世界历史的思想”，并强调我们要站在世界历史的高度审视当今世界发展趋势和面临的重大问题，“同各国人民一道努力构建人类命运共同体，把世界建设得更加美好”。构建人类命运共同体理念是习近平以马克思主义关于世界历史的思想为基础，把世界历史思想的理论逻辑和人类社会发展的实践逻辑相结合提出的重大理念。

人类命运共同体思想的问世是全球现代性反思的结果，是在马克思世界历史理论所揭示的“世界市场”的形成过程和“历史向世界历史转化”过程中开启的，是指向人类社会发展美好愿景的中国方案。人类命运共同体不仅构成了当今世界多元现代性发展的重要组成部分，同时也创造了一种新型的现代性，是多元现代性最生动的实践。人类命运共同体怀有相互尊重、彼此包容、求同存异的文明理念，强调发展多元现代性的自主选择权、平等发展权；同时又尊重自由、平等、民主、法治、公平和正义等人类共同价值；还具有兼济天下的“大道之行也，天下为公”的雄伟气派，以“共商共建共享”思想引领多元现代性，强调要顺应世界各国利益共生、命运与共的发展趋势；坚持“并育而不相害”的多样化的现代化模式，必将推动人类走向协调发展、均衡发展和共同发展。人类命运共同体作为中国方案、中国规则与中国智慧，深刻揭示了人类社会在现代化进程中的未来发展趋势，为未来全球多元现代性秩序的确立和统合提供了新的思路和方案，积极发挥着对未来全球多元现代性的引领功能和导向功能，为人类解放道路的一与多、普遍与特殊提供着适宜性、示范性的现代性选择。

赵汀阳指出，当今国际政治的问题其实不在于“无效国家”（failed state），而在于“无效世界”（failed world）。因为现有的理论没有一个“以天下观天下”的视角，在离开国家之后无所适从。中国的政治思想起点是天下，是一种包容性的治理模式，即“漩涡模式”。要解决世界问题，思维必须从国际政治走向世界政治。

人类命运共同体思想为世界历史提供价值选择，为自由人联合体提供中介。

二、自由人联合体

人的发展是历史发展的核心。世界历史思想的价值旨趣是实现个体的人和全人类的彻底自由和解放。正如马克思所说："无产阶级只有在世界历史意义上才能存在，就像共产主义——它的事业——只有作为'世界历史性的'存在才有可能实现一样。"①

就人类本质而言，构建命运共同体是"类存在"本质的充分展开。人类作为一个总体，既是充满差异、矛盾、冲突的存在体，同时也具有同一、合作、和谐的因素和趋向，有着共同性质、共同利益、共同命运。基于同一、合作、和谐的因素和趋向，人类形成了各种由共同生活中的某种纽带联结起来的稳定的人群集合体，即人群共同体。比如，以血缘关系为纽带的原始共同体、以共同信仰为纽带的中世纪信徒共同体，近代的民族共同体、阶级共同体，以及现代国家共同体、国际共同体，等等。构建人类命运共同体就是要尊重人类不同个体、不同群体和社会组织之间共生共存、相互依赖的本真状态，充分展开人的"类存在"的本质，有效化解差异带来的矛盾、冲突和战争，实现全人类的休戚与共、同舟共济。

①《德意志意识形态（节选本）》，人民出版社 2018 年版，第 32 页。

马克思认为，人类共同体的演进经历了这样一个历史过程，即从前资本主义时代的“自然的共同体”，到资本主义社会的“虚幻的共同体”，再到共产主义社会的“真正的共同体”即“自由人的联合体”。在《德意志意识形态》和《共产党宣言》中，马克思用“联合体”和“共同体”（真正的共同体）来指称未来的共产主义社会。综合分析马克思关于共同体的论述，得出马克思主义意义上的真正共同体具有以下三个方面的特征：

一是在真正的共同体条件下，各个个体在自己的联合中并通过这种联合获得自己的自由，每个人的自由是以他人的自由为前提的，每个人的自由发展是一切人的自由发展的条件。只有在未来的共产主义社会里，人的全面发展才会在真正意义上实现，“代替那存在着阶级和阶级对立的资产阶级旧社会的，将是这样一个联合体，在那里，每个人的自由发展是一切人的自由发展的条件”①。共产主义社会的本质规定是“以每个人的全面而自由的发展为基本原则的社会形式”②。马克思、恩格斯认为，“只有在共同体中，个人才能获得全面发展其才能的手段，也就是说，只有在共同体中才可能有个人自由”③。在《资本论》等著作中，马克思对人的全面发展是共产主义的一个重要特征同样作了科学的论述，把能否实现人的全面发展作为衡量资本主义和共产主义的重要标准。这说明，马克思主

①《共产党宣言》，人民出版社 2014 年版，第 51 页。
②《马克思恩格斯全集》（第二十三卷），人民出版社 1972 年版，第 649 页。
③《马克思恩格斯选集》（第一卷），人民出版社 2012 年版，第 199 页。

义创始人一直把人的全面而自由的发展作为未来共产主义社会（真正的共同体）的重要特征和价值目标，即共产主义社会是一种由个体自然而有机结合起来的社会，是一种既具有高度自由又具有高度共同性的社会。

二是马克思认为，在真正的共同体中，个体与共同体关系的实质，集中体现为特殊利益与普遍利益的统一。马克思认为，资本主义社会正是由于存在着特殊利益和普遍利益之间的这种矛盾，共同利益才采取国家这种与实际的单个利益和全体利益相脱离的独立形式，同时采取虚幻的共同体形式，而共产主义社会作为真正的共同体，个体之间的相互关系及其意识，既不是利己主义，也不是利他主义，而是对利己与利他的协调统一和有机融合，是对利己主义与利他主义的扬弃和超越。也就是马克思在《德意志意识形态》中所强调的，“共产主义者既不拿利己主义来反对自我牺牲，也不拿自我牺牲来反对利己主义”[①]。这就是说，在真正的共同体中，消除了特殊利益与普遍利益的对立，特殊利益与普遍利益获得了有机的协调和统一。

三是马克思认为，在共产主义社会这一真正的共同体中，必然是人与人之间、人与社会之间、人与自然之间矛盾的彻底解决。马克思关于未来社会的设想有一个重要的标准和价值判断，就是人与人之间的矛盾的真正解决。马克思在《论犹太人问题》

①《德意志意识形态（节选本）》，人民出版社 2003 年版，第 104 页。

《1844年经济学哲学手稿》中写道，社会的发展就是如此，“任何一种解放都是把人的世界和人的关系还给人自己”。而“共产主义是私有财产即人的自我异化的积极的扬弃，因而是通过人并且为了人而对人的本质的真正占有；因此，它是人向自身、向社会的即合乎人性的人的复归，这种复归是完全的，自觉的和在以往发展的全部财富的范围内生成的……它是人和自然界之间、人和人之间的矛盾的真正解决，是存在和本质、对象化和自我确证、自由和必然、个体和类之间的斗争的真正解决”①。

马克思、恩格斯在其合著的《德意志意识形态》中指出：“每一个单个人的解放的程度是与历史完全转变为世界历史的程度一致的。”②伴随着历史向世界历史的转变，个人将从狭隘的、地域性的、孤立的个人向世界历史性个人转变。因而，只有到了资本主义的世界历史被共产主义的世界历史所代替的时代，才能说个体的人和人类实现了真正的解放和自由。

关于自由人联合体、共产主义、历史成为真正的世界历史等设想，马克思、恩格斯的著作中都有付诸实现的社会前提，基本的经济前提——公有制（生产资料社会占有），基本的政治前提——无产阶级专政，包括人的思想的解放等。人类命运共同体是自由人联合体在当今时代的理念与路径，是通向人的自由与解放的必经路径，它同真正的自由人联合体即共产主义社会本质上是一致的，但两者也有区别：一个是就

①《马克思恩格斯全集》（第三卷），人民出版社2002年版，第297页。

②《马克思恩格斯选集》（第一卷），人民出版社2012年版，第169页。

现实而言（不充分的、有限的、困难重重的），一个是最终理想（只有大同社会才能得到充分完整的实现）。有点类似我们讲的现实纲领同最高纲领的关系。

自由人联合体的实现意味着全人类的解放，也是人类历史发展的最高阶段，人类命运共同体是自由人联合体的当代实践，也是书写真正的世界历史的序章。

然而我们也必须承认，自由人联合体是“国家连同纺织机和青铜器放在博物馆”（恩格斯语）后的状态，人类命运共同体则是现今这个还以国家主权为主导的历史阶段（同时也是不完全的世界历史阶段）的进行时，服务于将来时的共产主义奋斗目标。坚持构建人类命运共同体，就是坚持马克思主义的时代化。

三、21 世纪社会主义

习近平总书记在党的十九大报告中郑重宣告：中国特色社会主义进入了新时代。这个新时代，是承前启后、继往开来、在新的历史条件下继续夺取中国特色社会主义伟大胜利的时代。中国特色社会主义进入新时代，“意味着科学社会主义在二十一世纪的中国焕发出强大生机活力，在世界上高高举起了中国特色社会主义伟大旗帜”。置身新时代，我们必须不忘初心、牢记使命，从历史和现实相贯通、国际和国内相关联、理论和实际相结合的宽广视角，不断深化对一些重大理论和实践问题的认识，不断增强中国特色社会主义道路自信、理论自信、制度自信和文化自信，做到坚持和发展中国特色社会主义要一以贯之，让科学社会主义真理之光在新时代更加璀璨夺目。

中国传统文化有天下观——真正的世界历史的雏形，也有世界大同理想——自由人联合体的样板，中国是世界最大的社会主义国家，提出人类命运共同体理念是政治与文化属性的新时代融合。

其一，己所不欲，勿施于人。中国梦是东方文明复兴梦。对周边国家，中国秉持亲诚惠容理念，着力打造责任共同体；对发达国家，秉持互利共赢、相互尊重理念，着力打造利益共同体。中国不会重复国强必霸的历史循环，不会将自己的意志强加于人，中国正在展示传统文化的忠恕之道，努力开创新兴国家关系，提出亚洲新安全观，倡导和谐地区、和谐世界。亚洲是中国和周边国家的共同家园，各方有责任共同维护好和平繁荣稳定的局面。要做到这一点，关键是实现中国与周边国家的“政策沟通、设施联通、贸易畅通、资金融通和民心相通”这五通。中国与发达国家的竞争性有所提高，但合作性仍有待发掘。中国提出与美国建立新型大国关系，并倡导与欧洲国家共同开发第三方市场，就是避免零和博弈，实现中国梦与美国梦、欧洲梦的共赢。

其二，己欲立而立人。中国是发展中国家中的大国，中国梦能对广大发展中国家产生强大的吸引力。中国要实现中国梦，也要帮助其他发展中国家实现脱贫致富、提升国际地位的共同梦想。为此，中国秉持真实亲诚理念，倡导正确的义利观，着力打造命运共同体，就是化中国梦为发展梦。所谓命运共同体，通俗地说，就是同甘共苦，最终追求共同的归宿和身份。共同利益，只是同甘；共同安全，才是共苦。

其三，己欲达而达人。发展中国家和新兴国家在中国外交中的地位越来越重要。因为随着中国在全球产业链中从低端迈向高端，与发达国家的竞争性提高，而与发展中国家、新兴国家的互补性增强——发展中国家承接中国产业转移的后方市场，新兴国家则承接中端市场，与发展中国家中的新兴大国合作具有推动国际关系民主化、法治化方向发展的战略意义。

新冠肺炎疫情暴发以来，中国在打好本国抗疫阻击战时，积极开展抗疫外交，体现了三重逻辑：立己达人，推动抗疫国际合作；既以为人己愈有，积极开展公共卫生援助；做好疫情公共外交，构建人类命运共同体。这也是社会主义中国倡导国际公平正义和国际担当的体现。

社会主义从一种运动到一种制度，再到一种文明，是中国共产党人对社会主义本质的又一认识升华，既继承、复兴了 5000 年中华文明史，又扬弃和超越了近代 500 年资本主义文明的“创造性毁灭”。社会主义中国化，就是还原中国作为文明型国家的本质，是现代文明结合古老文明开创人类新文明的过程。社会主义中国化，是习近平新时代中国特色社会主义思想的伟大事业，是中国共产党为人类政治文明进步作出的充满中国智慧的贡献。

空间维度：天涯咫尺

篇二

“太平世界，环球同此凉热。”

正如动物最能感知地震，最能感受环球同此凉热的，莫过于候鸟。很多鸟类具有沿纬度季节迁徙的特性：夏天的时候，这些鸟在纬度较高的温带地区繁殖；冬天的时候，则在纬度较低的热带地区过冬。夏末秋初的时候，这些鸟类由繁殖地往南迁徙到度冬地，而在春天的时候，又由度冬地北返回到繁殖地。这些随着季节变化而南北迁徙的鸟类被称为候鸟。

候鸟南飞，人类活动给候鸟让路。这就是生态体系的命运共同体。

电影《流浪地球》热播后，人们不禁要问：人类能否不等到地球流浪时才去建设人类命运共同体?

第四章

我们只有一个地球

人类是一个整体，地球是一个家园。面对共同挑战，任何人任何国家都无法独善其身，人类只有和衷共济、和合共生这一条出路。

——习近平

2017 年 1 月 18 日，习近平主席在日内瓦万国宫出席“共商共筑人类命运共同体”高级别会议，并发表题为《共同构建人类命运共同体》的主旨演讲。习近平主席指出，宇宙只有一个地球，人类共有一个家园。霍金先生提出关于“平行宇宙”的猜想，希望在地球之外找到第二个人类得以安身立命的星球。这个愿望什么时候才能实现还是个未知数。到目前为止，地球是人类唯一赖以生存的家园，珍爱和呵护地球是人类的唯一选择。瑞士联邦大厦穹顶上刻着拉丁文铭文“人人为我，我为人人”。我们要为当代人着想，还要为子孙后代负责。

一、人类世

人类命运共同体思想唤醒了人们对人类世的记忆，呼唤超越人类中心主义。

2000年，诺贝尔化学奖得主保罗·克鲁岑提出，人类已不再处于全新世了，已经到了“人类世”（The Anthropocene）的新阶段。也就是说，他提出了一个与更新世、全新世并列的地质学新纪元——“人类世”。

人类世是指地球的最近代历史，它并没有准确的开始年份，可能是由18世纪末人类活动对气候及生态系统造成全球性影响开始的。这个时段正好与詹姆斯·瓦特于1784年改良蒸汽机的时段相吻合。一些学者则将人类世拉到更早的时期，例如人类开始务农的时期。2010年6月，澳大利亚国立大学著名微生物学教授、人类消灭天花病毒的功臣弗兰克·芬纳称人类可能在100年内灭绝，人类世将终结。

人类活动已经对整个地球产生了深刻影响。然而，对于是否需要在全新世之后划分出专门的人类世，人们还存在很大争议，尽管地质学家们目前尚未有结论，但工业革命之后，人类对环境施加了大到足以改变地质情况的影响是不争的事实。

早在1873年之前，人类就意识到了自身活动对环境的巨大影响。意大利地质学家安东尼·奥斯托帕尼将它称为“人类世时代”，他的定义是“一个全新的地球力量，世界将被这种更伟大的能量主宰”。[1]

1926 年，V.I. 韦尔兹基也把人类日益增长的影响力称为“进化发展的自然方向，对周围环境有意识影响的效果越来越明显”。韦尔兹基进而使用“人类圈”——世界的思想这个概念来说明人类大脑对未来和环境不断增加的影响力。[2]

在过去的 300 年中，世界人口数量增加了 10 倍，达到了 70 多亿。预计到 21 世纪中叶，世界人口将达到 100 亿。地球 30% ～ 50% 的陆地资源已经被人类占用。与此同时，人类饲养的家畜数量达到 14 亿，它们产生的甲烷也对热带雨林产生了破坏作用，从而导致二氧化碳的增加和物种灭绝的加速。人类对土地的耕种和开发利用也加速了对土壤的侵蚀，这比自然速率要快 15 倍。

同样，水坝的修建和河流的改道非常普遍，人类对水资源的消费量比 100 年前增加了 9 倍。渔业已经捕杀了超过 25% 的浅海生物和 35% 的温带大陆架生物。此外，在 20 世纪，能源的消耗增加了 16 倍，导致每年有 1600 万吨的二氧化硫排放到大气之中——为自然排放量的两倍多。与此同时，化石燃料的使用和农业活动导致“温室”气体显著增加——二氧化碳增加了 30%、甲烷增加了 100%。这些现象在过去 40 万年中都没有过。目前的这些现象，还只是由 25% 的人口产生的，而随着

① 刘学、张志强、郑军卫、赵纪东、王立伟：《关于人类世问题研究的讨论》，《地球科学进展》2014 年第 5 期，第 640—649 页。

② 陈之荣：《人类圈 · 智慧圈 · 人类世》，《第四纪研究》2006 年第 5 期，第 872—878 页。

经济活动的增多，环境还将进一步恶化。

由此看来，目前的后果可能非常严重：酸雨、烟雾和全球气候变暖将加速危害地球生态环境。根据联合国政府间气候变化专门委员会（IPCC）最近的一项估算，21 世纪地球的温度将升高 1.4° C ～ 5.8° C，很多有毒物质被释放到环境中，即便一些无毒的物质，对大自然也是有危害的，例如氯氟化碳导致南极臭氧层空洞。

事态还在不断恶化之中。在 20 世纪 70 年代中期，我们已经开始研究臭氧层遭受破坏的问题。情况一年比一年恶化的臭氧空洞作为一个全球性问题，已不仅仅是南极洲春天事件。如果一直这么发展下去，悲剧将不可避免。

除非有灾难性的事件发生——例如流星撞击地球、世界大战或是瘟疫的流行——人类将在接下来的很长一段时间内都是影响环境的主要力量。因此，在这个人类世的时代，科学家和工程师的任务艰巨，他们将帮助我们解决问题，保持环境继续稳定发展。这更需要我们所有人的努力，加强国与国之间的相互协调和利用大规模的生态工程项目来“优化”气候。不过，至少目前来说，我们对大部分领域还一无所知。

二、全球能源互联网计划

人类世提醒我们改善与环境的关系。作为环球同此凉热的另一个紧迫挑战，是全球能源问题。

今天的中国基本实现了村村通电、户户通水。但世界上还有约10亿人没有用上电，其中非洲有五六亿、印度有3亿。巴基斯坦由于缺电，其最大的城市卡拉奇平均每年要热死上千人！这难道是全球化、地球村的环球同此凉热？佛说：点一盏灯，让世界亮起来。“一带一路”倡议，就是给世界点灯。

为何21世纪的人类仍然遭受能源短缺问题困扰？究其根源有三。

一是世界能源分布极不均衡[①]。水能主要集中在中国西南、俄罗斯、东南亚，风能主要集中在中国“三北”、蒙古国、中亚及俄罗斯北部沿海等地，太阳能主要集中在西亚、中国青藏高原等地。

中国摸索出特高压输电技术（UHV），将青海的光伏电经过两千公里输送到上海。这就是中国的超级工程。如今，通过新疆的750千伏特高压联络变压器网络，将中亚地区的煤油变成电，再输送到南亚。

二是缺乏技术，没有实现工业化。尼泊尔位于喜马拉雅山南麓，水资源极其丰富，但尼泊尔却一直缺电。这不是捧着金饭碗讨饭吃吗？原来，尼泊尔缺乏水电站，丰富的水资源无法转化为电能。20世纪70年代中期，葛洲坝集团开始在此投资修建水电站。经过20余年的努力，为尼泊尔修建了3座大型水电站，基本解决了尼泊尔电力能源不能自给自

① 参见《全球能源互联网及各大洲能源互联网规划》，https://www.geidco.org.cn / gei / planning /。

足的问题。类似的情形也在撒哈拉以南的非洲和拉美出现过，撒哈拉以南的非洲日照充分而缺电，拉美水量充沛而缺电，中国能源企业过去投资后，让有水的地方发水（水电）、有光的地方发光（光伏）、有风的地方发风（风能），以最环保的方式帮这些地方彻底解决了能源短缺问题。

三是能源使用效率很低。电能的输出端和使用端常常存在错配，由于重启发电设备成本高昂，发电厂基本都是无休运转。电能的使用跟交通一样存在高峰和低谷，经常会遇到高峰时缺电、低谷时发电量过剩的情况，加之现在的储能技术还不成熟，整体来说存在大量资源分配不均和效率低下的问题。中国利用多年来在国内建设电网的丰富经验帮助各国解决电能使用效率低的问题，比如国家电网援建塞尔维亚的电网和华为公司在突尼斯安装的智能电网，都在很大程度上提高了对方能源的使用效率。

中国不只是凭良心——己所不欲勿施于人，更凭实力——中国最复杂的生态环境、最密集的人口分布、超强的运用能力，练就了世界上最具竞争力的绿色低碳技术和可持续发展模式，彰显了类似中医统筹协调、标本兼治的智慧。这就是习近平主席 2015 年在联合国总部提出的全球能源互联网（GEI）计划：通过“智能电网 + 特高压电网 + 清洁能源”三位一体，实现全球能源互通有无，彻底解决人类能源短缺和转型问题，实现“既要马儿跑，马儿又不吃草”——既要发电，又要减少碳排放。

中国能做到这一点，原因在于体制上的统筹协调、文化上的标本兼治，所以能综合施策，实现“西电东送、北电南供、水火互济、风光互补、跨国互联”的电力发展格局。

全球能源互联网发展合作组织办公室就设在北京，可以说是能源领域人类命运共同体的倡导者、践行者。

共建“一带一路”，就是共享现代化经验的过程，避免其他发展中国家走老路、弯路。中国的市场化能力超强，西方的先进技术、高标准全球化，只有通过中国这个转换器，才能更好地适应各国国情，才能更好地完成市场化。

构建全球能源互联网，总体分为国内互联、洲内互联、洲际互联三个阶段，力争在 21 世纪中叶基本建成。届时，全球清洁能源比重可提高到 80% 以上；全球 CO_2 排放可控制在 115 亿吨左右，仅为 1990 年排放量的一半，可实现全球温控在 2℃以内的目标；逐步形成电能主导、清洁发展的能源格局。届时，世界将成为一个能源充足、天蓝地绿、亮亮堂堂、和平和谐的“地球村”。

三、未来地球计划

中国有句古话：“授人以鱼，不如授人以渔。”英语里也有类似的话：When you give a man a fish，you feed him for a day; but when you teach him to fish, you feed him for a lifetime.（授人以鱼，三餐之需；授人以渔，终生之用。）可见中西方思维

的相通性。现在的问题是，大家都会钓鱼，可是无鱼可钓了！

因此，东西方、南北方都面临着人类的可持续发展问题。

如今，可持续发展的内涵已从生产力拓展到器物、制度、精神三方面：器物层面，资源与环境可持续；制度层面，国际、国内制度的可持续；精神层面，生产－生活理念的可持续、代际可持续。一句话，可持续发展、可持续生活、可持续思维的三位一体，是可持续发展观的时代内涵。

换个角度讲，可持续发展就是包容，努力实现先发与后发平等、大小国家平等、代际平等，改变西方不包容他者、不包容代际的现状，规范好理性及其限度、科学及其限度，把握好发展与消费、意愿与能力的平衡。

中国通过实现自身的可持续发展，为人类的可持续发展提供了“中国模式”。这是当今中国最大的国际话语权。新时代的文化自觉与文化自信，就在于以中华文明永续发展理念丰富人类可持续发展观——实现人类文明的永续发展，从理论上阐明中国发展道路（中国模式）是“人类文明史上的伟大创举”和“中国对世界的历史性贡献”，探讨中国应对可持续发展挑战的经验与其他国家有无相通之处，从而证明可持续发展是人类的共同价值，继而开创人类永续发展的文明新范式。

在此过程中，欧洲是中国的重要合作伙伴。中欧两大文明携手开创新人本主义，是共同发掘人类共同价值的希望所在。

1992 年 5 月 9 日，联合国大会通过《联合国气候变化框架公约》，同年 6 月在巴西里约热内卢召开的联合国环境与发展会议期间开放签署，公约建立了长效机制，为应对未来数十年的气候变化设定了减排进程。截至 2016 年 6 月，加入该公约的缔约国共有 197 个。

仅仅是为了应对全球气候变化已不能满足人类可持续发展的目标，为了给全球可持续发展目标提供必要的理论知识、研究手段和方法，由国际科学理事会（ICSU）和国际社会科学理事会（ISSC）发起，联合国教科文组织（UNESCO）、联合国环境规划署（UNEP）、联合国大学（UNU）、Belmont Forum 和国际全球变化研究资助机构（IGFA）等组织共同牵头，组建了为期十年的大型科学计划“未来地球计划（Future Earth）”（2014—2023）。

该计划通过分析全球气候危机的恶化趋势，提出应创新国际合作机制，将区域经济发展带打造为“低碳排放发展带”，

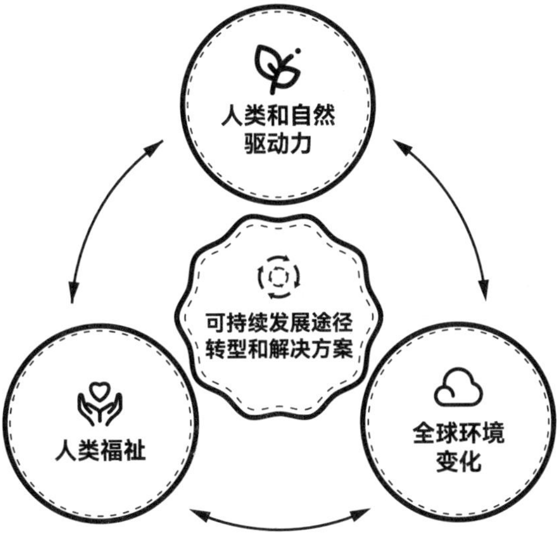

未来地球计划的概念框架

通过学者、政府、企业、资助机构、用户等利益攸关者协同设计、共同实施、共享科研成果和解决方案（co-design， co-produce and co-deliver），增强全球可持续性发展的能力，应对全球环境变化带来的挑战。

联合国未来地球计划超越了从历史责任谈气候变化的视角，转而从未来倒推到现在应该怎么发展，体现了“从后天看明天，而不是从昨天看明天”的思维方式，也是人类命运共同体为人类文明可持续发展所开创的未来担当。

第五章

我们共享一个月亮

今天，互联网、大数据、云计算、量子卫星、人工智能迅猛发展，人类生活的关联前所未有，同时人类面临的全球性问题数量之多、规模之大、程度之深也前所未有。世界各国人民前途命运越来越紧密地联系在一起。

——习近平

外国的月亮比中国的圆?

中国的月亮比外国的圆?

外国的月亮也有阴晴圆缺。

中国的月亮也有阴晴圆缺。

中国、外国其实共享一个月亮!

一、外国的月亮并不比中国的圆

人们的意识往往滞后于时代变迁。由于我们的知识结构、价值取向受到近代此消彼长的中西权力转移的太多影响，以致于不能自信地对待西方、自觉地面对自己。我们仍然缺乏文明自觉与文明自信。

“近代西学第一人”严复在其名篇《论世变之亟》一文里首创了极化处理的文明二分法，开创了中西对比的先河，给国人以深重的影响：

> 中国最重三纲，而西人首明平等；中国亲亲，而西人尚贤；中国以孝治天下，而西人以公治天下；中国尊主，而西人隆民；中国贵一道而同风，而西人喜党居而州处；中国多忌讳，而西人众讥评。其于财用也，中国重节流，而西人重开源；中国追淳朴，而西人求欢虞。其接物也，中国美谦屈，而西人务发舒；中国尚节文，而西人乐简易。其于为学也，中国夸多识，而西人尊新知。其于祸灾也，中国委天数，而西人恃人力。[①]

在积贫积弱、救亡图存的年代，对西方文明的仰视、对自身文明恨铁不成钢般的反省，最自然不过。但可悲的是，经历自维新变法到改革开放一个多世纪的涤荡后，一些人仍然缺乏民族自信与精神自觉。其结果，正如鲁迅先生所言，在他们的头脑成为西方各种政治思潮、主义的跑马场后，对西方文明的基因、中华原生文明，迄今仍缺乏清醒的梳理。不少人把手段

①〔清〕严复：《论世变之亟》，载《严复文选》，百花文艺出版社 2006 年版，第 4 页。

当作目的，把经济规律当作政治、文化规律，形成对西方思维与价值的严重路径依赖，以至于把改革开放当作目的而非手段，似乎西方模式就是“彼岸”。另一些人则自觉与西方划清界限，在复古和马克思主义中国化间徘徊。马克思主义中国化，或中国特色社会主义，通过与西方价值观的渊源证实中国并非“另类”，而是包容、吸收一切人类文明的成果，尤其是西方的文明成果；而坚持复兴古代价值观和天下体系的人们，则试图与西方价值观进行泾渭分明的区分和切割。

中国的和平发展道路，其实是兼收并蓄的过程，呈现出自身特色，要进入自我、本我层次，将越来越呈现出其世界意义。因此，不应以古代或西方为参照系。坚持走中国特色道路又包容西方，是塑造中国全新国家身份，树立真正的中国观、世界观的过程。自觉地对待自己，自信地对待西方，这就是我们讲的文化自觉与文化自信。

纵观人类文明发展史，大国之兴衰，洲际权力之转移，往往是文明转型的产物。公元 1500 年以来，西方创造先进文明的优势日渐减少。文明的活水跨越大西洋流入北美大陆后，又通过太平洋唤醒了亚洲大陆的原生文明。才刚刚过去 500 年，世界权力重心便逐渐向东方转移，这让西方世界陷入了惊恐、迷惑、不解和不甘之中。

美国历史学家斯塔夫里阿诺斯在《全球通史：1500 年以后的世界》一书中指出：“欧洲的成功是欧洲衰落的潜在原

因。”[①] 这就是说，欧洲的三大革命——工业、科学和政治革命在世界的传播，使欧洲失去了作为世界统治力量的地位。

在《文明》一书的作者尼尔·弗格森看来，与所有伟大的文明一样，西方文明也具有两面性：有崇高的一面，也有卑鄙的一面。如今西方步入衰败，最主要的原因在于没能有效延续、弘扬其曾经主导世界的六个撒手锏：[②]

1. 竞争。欧洲的政治处于割据分裂的局面，在每个君主制国家或共和制国家内，都存在着多个相互竞争的集团。

2. 科学革命。17 世纪，数学、天文学、物理学、化学和生物学的所有重大突破均发生在西欧。

3. 法治和代议制政府。这一优越的社会政治秩序出现于英语国家，它以私有财产权以及由选举产生的代表财产所有者的立法机构为基础。

4. 现代医学。19 世纪和 20 世纪医疗保健的所有重大突破都发生在西欧和北美，其中包括对热带疾病的控制。

5. 消费社会。随着工业革命的兴起，以棉纺织品为开端，涌现出大量提高生产力的先进技术，同时对物美价廉的商品的需求也为之扩大。

6. 工作伦理。西方人最早将广泛而密集的劳动和高的储蓄率结合在一起，从而促进了资本的持续积累。

---

①〔美〕斯塔夫里阿诺斯：《全球通史：1500 年以后的世界》，吴象婴、梁赤民译，上海社会科学院出版社 1992 年版，第 881 页。

②〔英〕尼尔·弗格森：《文明》，曾贤明、唐颖华译，中信出版社 2012 年版，英文版前言。

尼尔·弗格森认为，这些曾经让西方傲视群雄的秘诀却被别的地区学习掌握并据为已有，所以才发生了江湖地位的转换。

这两位历史学家的逻辑当然是“西学为体，西学为用”，在“西方中心论”中兜圈子。他们认为新兴国家的崛起乃是学习、模仿西方文明诀窍的结果。其实，新兴国家不只是西方文明的学徒，其崛起的根本原因在于找到了符合自身国情的发展道路，并在此过程中修正西方模式，对人类发展模式作出自己的贡献。更重要的是，他们忽略了一个不争的事实：西方文明固然创造了极其丰厚的精神遗产，然而也暴露了诸多胎里带来的先天不足。

如此，“西方中心论”已是风雨飘零，其实难再。在人类文明转型新时代——海洋商业文明向海洋工业文明转型、海洋文明向大陆文明反哺，并共同催生以可持续发展为要旨的人类新型文明——东西方“文明的代差”日渐消失，东方文明从大陆复兴并走向海洋，全面挑战了“西方中心论”。[①]

更要紧的是，“西方中心论”从文明起源上其实只是一种幻象。美国康奈尔大学教授马丁·贝尔纳的《黑色雅典娜：古典文明的亚非之根》一书就指出，在作为西方文明源头的希腊文明形成期间，非洲文明尤其是埃及文明是其重要源头，言必称希腊的西方文明发展史，实际上是近代以来欧洲学者杜撰出来的“欧

① 王义桅：《海殇？：欧洲文明启示录》，上海人民出版社 2013 年版，序。

洲中心论”神话。[①] 英国学者约翰·霍布森在《西方文明的东方起源》一书中，更进一步揭示了“东方化的西方”，即“落后的西方”如何通过“先发地区”的东方，主要是通过伊斯兰世界传播到西方的中华文明，一步步塑造领导世界能力的。[②] 更早的欧洲学者，如英国的培根，清晰地描绘了中国古代“四大发明”传到欧洲是如何帮助欧洲文艺复兴和启蒙运动的。

中国有个典故：坐井观天。印度也有个典故：盲人摸象。两者讲的都是空间上的错觉，但我们往往忽视了另外一种错觉：时间上的错觉。

历史总是在貌似循环的逻辑中捉弄人。从启蒙运动时期的“东学西渐”到鸦片战争以来的“西学东渐”，东西方文明似乎经历了此消彼长的态势转移。“欧风美雨”见证了海洋文明的兴衰，给走向海洋的中国以警示。如果故步自封，不与时俱进，任何文明都必然走向衰落，这是人类文明史发展的铁律。情形正如达尔文所言，不是最强壮的或最聪明的，而是最能适应改变的才能最终得以生存。而欧债危机显示的欧盟的制度创新，不足以挽救欧洲文明衰落的命运。欧洲的麻烦，是不善于学习，是教师爷姿态的故步自封。美国就更不用说了。

这是一个崭新的时代，资源日益稀缺，人类竞争日益摒弃零

① 〔美〕马丁·贝尔纳：《黑色雅典娜：古典文明的亚非之根》，郝田虎、程英译，吉林出版集团有限责任公司 2011 年版，第 1—29 页。

② 〔英〕约翰·霍布森：《西方文明的东方起源》，孙建党译，山东画报出版社 2009 年版，第 7—23 页。

和游戏。一个国家或民族若怀抱“世界围绕我转”的心态，不善于扬弃自己、无法走出历史记忆，就将承担历史大转折的代价。

二、南方国家的月亮也很圆

非洲面积约3000万平方公里，是世界第二大陆，也是人类文明的发源地之一。从地中海到好望角，这片广袤无垠的土地上遍布独特的自然景观和人文风情，“非”常之美让来自世界各地的人们流连忘返。

遗憾的是，人们对非洲的印象是将自然与人文分开的：认可非洲自然美而认定非洲脏乱差。偏见源于缺乏了解。其实，非洲人性格开朗，积极乐观，乐于分享。同时，非洲也为人类储存了大量矿产资源。

非洲之美，不只是大自然美，人更美。非洲是人类进化史上从古猿到森林古猿、拉玛古猿、“完全形成的人”（能人、直立人、智人）、直到现代人都存在过的大陆。人类学家在非洲发现了最早的“完全形成的人”的化石。这一发现使包括进化论奠基人达尔文在内的人类学家得出了非洲是人类诞生地的猜想。非洲人淳朴善良，对中国尤其如此。用毛泽东的话说，当年，就是“非洲兄弟把我们抬进联合国的”。近二十年来，中国外长也保留了新年首次出访都是到非洲的传统，新冠肺炎疫情下仍然如此。非洲有很多著名的科学家、艺术家，他们为人类文明作出了重要贡献，对世界影响力不

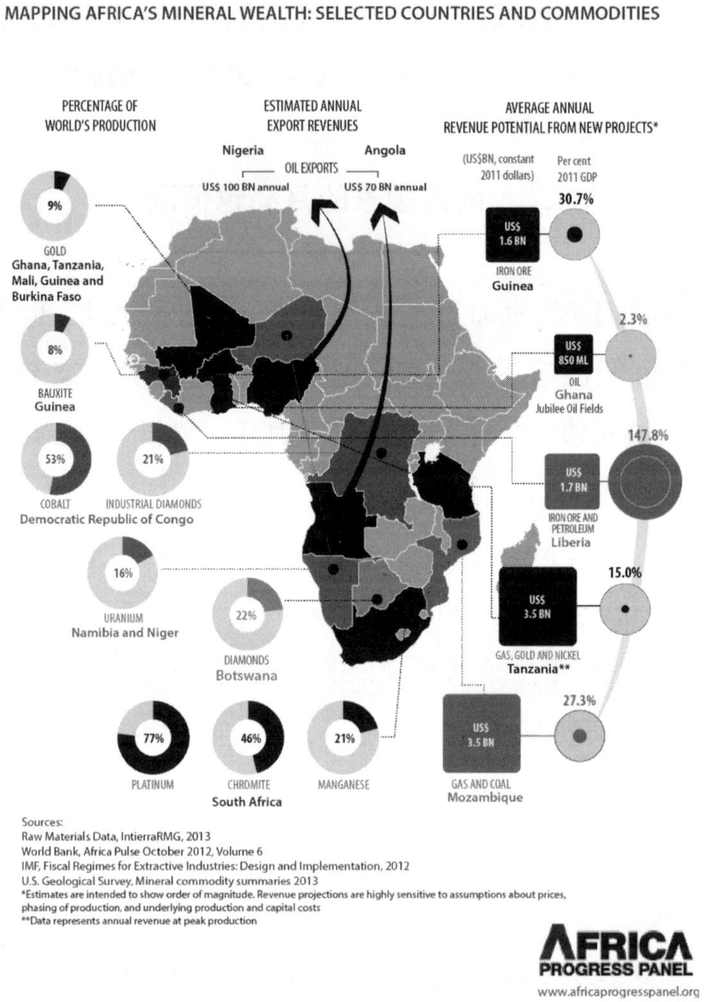

容小视。非洲还有四位诺贝尔文学奖获得者——尼日利亚的沃莱·索因卡、埃及的纳吉布·马赫福兹、南非的内丁·戈迪默和约翰·马克斯韦尔·库切，非洲文学已经成为世界文学中不可忽视的力量。

非洲之美，不只是自然之美、非洲人之美，还在于非洲精神之美。除了南部非洲的乌班图，东非国家的斯瓦西里文化也有诸多可资借鉴的文化。“Mtu（人的单数） ni（是 ）watu（人的复数）”跟英文“no one is an island”（没有人是座孤岛）意思差不多，是斯瓦西里语“命运与共”的意思。早在西方殖民主义打乱非洲社会发展的步伐以前，非洲部族社会就已经有了初级的民主意识。“意见一致”和“大树下的民主”作为撒哈拉以南非洲各个部落共有的文化传统，在如今的非洲政治生活中仍有着举足轻重的影响力。由非洲民主的根源追溯非洲各国的传统政治文化，可以看到，民主理念和公民社会在非洲具有相当广泛的基础。比如，非洲人大多数有“大树下的民主”的公共议事传统，博茨瓦纳至今仍然保留了习惯上的公共批评的传统，这使人们很容易形成现代民主参与政治的习惯。再如，乌干达等国家保留了氏族大家庭的传统，这种社会结构也很容易变成现代政治结构中的压力集团，起到约束和批判现政府的作用。而就民主政治文化而言，“大树下的民主”受到了学者的一致公认。①

非洲是世界上最后一个实现政治独立的洲。至2000年底，非洲共有59个国家和地区。其中，马德拉群岛和亚速尔群岛为葡萄牙的直属领地，加那利群岛为西班牙的直属领地，留尼汪为法国的海外省，圣赫勒拿为英国直属殖民地，西撒哈拉地位未定，其余53个为独立国。1884年11月至1885年2月，英国、法国、德国、比利时、葡萄牙、意大利等15个国家在

① 详见张宏明：《多维视野中的非洲政治发展》，社会科学文献出版社2007年版。

柏林召开会议，以协议的形式对非洲进行了瓜分。1963 年 5 月，31 个独立的非洲国家领导人齐聚亚的斯亚贝巴，举行了盛世空前的非洲独立国家首脑会议，会议部署了非洲统一组织宪章，宣告非洲统一组织成立。独立而团结的非洲在联合国占有 1/3 的席位，在世界政治舞台上发挥着越来越重要的作用。非洲人民用生命捍卫自由，在长期与西方殖民主义和帝国主义进行斗争的过程中，同亚洲、拉丁美洲人民组成第三世界力量，使世界形势发生了巨大变化。

近代以来，中国睁眼看世界，看的其实是西方发达世界；“一带一路”倡议的提出，让中国人睁眼看整个世界。非洲值得我们学习借鉴的地方不少。第一，非洲人民在保护野生动物和非洲旷野的繁衍生息中发挥了巨大作用，挽救了许多濒临危物种和土地。2012 年，非洲发起“没有买卖就没有杀害”运动，致力于减少人们对野生动物制品的消费需求。当前，这项运动已经扩展到世界各地，得到了各国的积极响应。第二，非洲人的家庭观念与社群观念（sense of community）十分强烈，而这恰好是当代很多中国人正在逐渐丢失的。第三，在非洲国家，女性通常可以享有更多权利，这一点也值得中国学习。第四，中国在处理边界问题的方针、态度、方法与技巧上都可向非洲学习。

在世界上，以国家命名的学问不多，非洲就有两个：埃塞学、埃及学。非洲自由贸易区的建成，非洲充满活力的人口，都一再说明非洲是古老而年轻的大陆，也是充满希望的大洲。

习近平总书记在庆祝中国共产党成立 100 周年大会上的

讲话中指出，“我们积极学习借鉴人类文明的一切有益成果，欢迎一切有益的建议和善意的批评，但我们绝不接受‘教师爷’般颐指气使的说教！”“中国共产党将继续同一切爱好和平的国家和人民一道，弘扬和平、发展、公平、正义、民主、自由的全人类共同价值，坚持合作、不搞对抗，坚持开放、不搞封闭，坚持互利共赢、不搞零和博弈，反对霸权主义和强权政治，推动历史车轮向着光明的目标前进！”非洲是中国构建人类命运共同体志同道合的好伙伴。

作为发展中国家最集中的非洲大陆如此，其他南方国家更是这样。只有我们的视野足够广，我们的心胸足够宽，就一定会得出结论：南方国家的月亮也很圆。

学贯东西，是近代文人的最高评价，很少涉及南北学问。今天，中国睁眼看整个世界，发现南方国家月亮也很圆。这就是我们的文化自信与文化自觉。

阿拉伯先知穆罕默德曾经说过：“学问虽远在中国，亦当求之。”今天，这句话也可改为“学问虽远在南方，亦当求之”。“一带一路”倡议的提出，为我们睁眼看整个世界，树立真正的世界观、全球观，打造学贯东西南北的大学问、真学问指明了方向。

长期以来，囿于传统天下观和近代线性进化逻辑，我们对南方国家的历史文化、风土人情知之甚少，还充满偏见。如果对非洲有误解，那是因为缺乏爱，是因为没有用人类命运共同体的眼光去看非洲！

灵感来自人类文明，激情来自五湖四海。“全球南方”（Global South）的兴起，以金砖智库合作为先导，不仅催化了南方国家的学问自信，更还原了南北互鉴，在再造南方的过程中再造北方、再造世界学问的前景。

传统中国学，聚焦于中国历史、文化、政治等传统发展层面，着眼于“何以为中国”“中国何以能”等世界的中国关切，也是中国的自我认知，中共学为此成为中国学的热点。然而，这只是国别版的中国学，也就是梁启超所谓“中国的中国”。那么他讲的“亚洲的中国”“世界的中国”呢？中国是一种文明而不只是一个国家，在新时代最能体现其文明内涵的是习近平主席提出的“一带一路”倡议及其背后的人类命运共同体理念，真正实现“源于中国而属于世界”“源于历史而属于未来”的逻辑，体现“亚洲的中国”“世界的中国”和“未来中国”。“一带一路”融通中国与世界，人类命运共同体为全球化、全球治理铸魂。打造“一带一路”学——新时代的中国学（中国学 2.0——全球中国、全球学，构建人类命运共同体学，时不我待。

“学问做于人生中，人生成于学问里，知行合一。”“一带一路”国际合作是伟大的事业；构建人类命运共同体是知行合一的学问。学问就是人生，知识重要，行动更重要，只有知与行合在一起，才能成就我们的事业。

人类命运共同体理念的提出，还原了一个朴素的真相——南方国家的月亮也很圆。在人类命运共同体理念指导下的资政启民、格物致知的学者要牢记：仰望星空与扎根大地、家国情怀与人本立场、经国济世与桑梓乡愁、江山万里与一叶知秋。

传统西学有三大学问：一是关于西方的古典学——一切学问都是对柏拉图的阐释；二是关于东方的东方学：埃及学、亚述学、波斯学、汉学；三是关于人类文明的人类学——未开化世界。一句话，西学是关于“我者 - 他者”的学问，后两者都是“他者”，尤其是人类学具有文明歧视性。人类命运共同体学超越人类中心论，也超越天下主义，融通古今中外、东西南北学问，开启文明对话新时代，引领人类文明从交流、对话到共塑的飞跃。

三、我们共享一个月亮

人类命运共同体理念的提出，标志着中国彻底告别了近代以来中西体用、赶超西方的思维逻辑，不再纠缠于哪个外国的月亮比中国的圆——其实我们共享一个月亮，这就是构建人类命运共同体。这就一下子把国际话语体系从近代几百年拉长到两千多年前，解构了西方中心论；人类命运共同体理念超越普世价值，倡导人类共同价值，旨在建设持久和平、普遍安全、共同繁荣、开放包容、清洁美丽的世界。真乃大道之行也，天下为公。

世界正从传统媒体、产业和全球化走向新媒体、新产业和新全球化。近代以欧美百万、千万、亿级人口实现工业化为经验的西方话语体系遭遇当今几十亿级新兴国家人口希望实现工业化的巨大挑战，普世价值的边界不断被厘清，这提醒发展中国家要从观念、理念上走出近代、告别西方，寻找 21 世纪更具通约性、时代性和包容性的话语体系，中国拥有带领 14 亿人口实现工业化的独一无二的经验，这为发展中国家实现软实力的弯道超车提供了历史性机遇。

弯道是每个车手都必须面对的。相对于直道而言，弯道上困难多。过弯道时，原来领先的车手可能因弯道而落后，落后的车手可能因弯道而领先。这一用语已被赋予别的内涵，“弯道”往往被理解为社会进程中的某些变化或人生道路上的一些关键点。这种特殊阶段充满了各种变化的因素，极富风险和挑战，充满了超越对手、超越自我的种种机遇。由于基础薄弱，发展中国家在基础设施、产业体系和话语权等领域全方位落后于发达国家，但“祸兮福之所倚，福兮祸之所伏”，辩证来看，越落后的国家意味着赶超的空间越大（中国就是活生生的例子），就看能不能抓住弯道超车的历史机遇。

为避免体系、发展模式乃至思维方式上依附于发达国家，发展中国家应抓住产业结构调整和信息革命的机遇，勇敢地实现弯道超车、变道超车。这其中，尤其要抓住中国经济由高速增长到中高速增长换挡期所带来的经济发展转型再平衡的机遇。构建人类命运共同体和“一带一路”国际合作是发展中国家超车的绝佳机遇。

在美欧国家，物流成本占 GDP 的比率为 6% ~ 8%，而亚洲大多数国家的这一比率达到 20%。这样带来的结果是亚洲国家的产品和产业竞争力很难上去。欧亚非互联互通，就是为了降低物流成本，提升亚非国家的比较竞争力。特别是中东地区，不仅自古是丝绸之路枢纽，今天也是欧亚非连接的纽带和“一带一路”建设的重点地区，通过中国－中亚－西亚经济走廊、中巴经济走廊，中国与中东地区更紧密地联系在一起。“一带一路”国际合作在中东地区将加强能源基础设施互联互通合作，共同维护输油、输气管道等运输通道安全，推进跨境电力与输电通道建设作为重要任务。4/5 国土在非洲，另外 1/5 国土在亚洲的埃及，更是凭借苏伊士运河的天然优势，一举成为亚非大陆连接的桥梁、陆海丝绸之路的节点，绝佳的地理位置使之具备了弯道超车的条件。埃及通过“一带一路”国际合作抓住了这个历史机遇——正如中国高铁抓住铁路转型升级的机遇实现了对发达国家的超越并领先世界一样。苏伊士运河改造完成后，中埃苏伊士运河开发区的产业将利用后发优势，解除发达国家长期先发优势造成的不合理分工体系对埃及的束缚。作为中东地区领袖之一的埃及，自然也引领着中阿“一带一路”的合作。在共建“一带一路”的框架下，中国、中东国家对接双方发展战略，向转型升级倾注动力，同时加快中国－海湾合作委员会自贸区谈判进程和重点工业园区建设，做强油气领域和基础设施领域合作。

此外，随着大数据、云计算、5G、区块链等新兴技术的发展，人类进入了万物互联的信息社会。但令人忧虑的是，新兴行业也跟传统行业一样，由于没有实现互联互通而凭空多出了许多壁垒，意味着新兴行业也需要打通隔阂，实现信息的互联互通，打造一条网上的丝绸之路。

互联互通，需要“设施联通”，更需要“信息畅通”。目前“一带一路”沿线65个国家的固网宽带平均速率普遍在10Mbps ～ 20Mbps，移动宽带平均速率普遍在3Mbps ～ 8Mbps，信息互通不畅，价格昂贵。如何构建一条畅通的“信息丝绸之路”，助力“一带一路”沿线国家的经济腾飞，成为各行业迫切关注的重点问题。[①]

为了解决信息不畅问题，中国于2016年7月27日发布了《国家信息化发展战略纲要》，纲要明确指出要推进“一带一路”建设信息化发展，统筹规划海底光缆和跨境陆地光缆建设，提高国际互联互通水平，打造网上丝绸之路。加快推动与周边国家信息基础设施互联互通，打通经中亚到西亚、经南亚到印度洋、经俄罗斯到中东欧国家等陆上通道，积极推进美洲、欧洲、非洲等方向海底光缆建设。合作建设中国－中亚信息平台、中国－东盟信息港、中阿网上丝绸之路。

信息网络畅通之后，能够跟线下贸易网进行兼具深度和广度的立体性整合，形成线上线下一体化的超级贸易网络。以阿

---

① 史立荣：《M-ICT：信息丝绸之路畅通正当时》，第二届世界互联网大会，乌镇，2015年12月16日。

里巴巴公司所倡导的 e-WTP（电子世界贸易平台）为例，发展中国家在新一轮全球化布局中将不再是规则的接受者，而是规则的制定者，发展中国家可以参与制定新的国际贸易、投资规则，通过合作共赢实现弯道超车，创造融合网络电子商务的新贸易规则。

“‘一带一路’热”是世界“中国热”的写照，折射出世界渴望分享中国机遇、中国模式与中国方案的心情。对此，中国将继续推动历史和文化的传承与复兴，帮助各国解决面临的发展难题。同时，中国提出的“一带一路”倡议，有助于实现联合国 2015 年后发展议程（17 个可持续发展目标和 169 个具体目标）。

中国国家电网特有的长距离、特高压输电网技术，能将电力成本压到最低，可帮助解决世界“缺电”的问题，推动人类共同现代化。再比如，北斗导航系统 2020 年实现全球组网，有助于发展中国家开展远程教育，扫除文盲，实现脱贫致富。而即将全面开通的 5G 通信网络，是发展高端制造业的必要条件，谁先抓住了 5G，谁就抓住了工业化创新的先机。

无论是电网、5G、北斗还是大数据，都能成为发展中国家实现弯道超车的有力工具。中国的数据优势在于我们不仅有海量的网民和互联网信息企业，还有省、市、县各级政府已经建立的“数据中心”，各部门、各单位的“专业数据库”，以及教、科、文等领域的专门“数字图书馆”。知识就是力量，数据就是财富，在已有海量、天量基础数据的基础上，打通壁垒并促进各种“专业知识服务系统”、知识中心和智能城市的建设，就可以将大知识和大数据进行深度挖掘，提炼其中的价值。以此类推，如果在“一带一路”共建“数字驿站”，将陆上与海上信息系统化、规模化、智能化，信息互联互通的欧亚非大陆将真正实现共享一个月亮。

第六章

我们共建“一带一路”

我提出“一带一路”倡议，就是要实践人类命运共同体理念。

——习近平

当今世界，虽然已进入 21 世纪，但仍然遭受着保护主义、民粹主义、恐怖主义、极端主义思潮的煎熬；古丝绸之路沿线地区曾经是“流淌着牛奶与蜂蜜的地方”，如今很多地方却成了冲突动荡和危机挑战的代名词。世界怎么啦？我们怎么办?

传统中国文化儒道释并存，儒家强调“和而不同”，道家强调“阴阳和谐”，佛教强调“众缘和合”，一句话：“和合。”习近平主席指出，“一带一路”建设要以文明交流超越文明隔阂、文明互鉴超越文明冲突、文明共存超越文明优越，推动各国相互理解、相互尊重、相互信任。

当今世界之痛，源于“不通”，根子在“分”。人类命运共同体实现“和”，“一带一路”实现“合”，因此成为中国的两大核心倡议，成为回答时代之问的中国方案、中国智慧。

人类命运共同体与“一带一路”是习近平新时代中国特色社会主义思想最具有代表性的国际价值理念与合作倡议，两者虚实结合、相辅相成的关系体现了中国建设的重要经验——目标驱动、问题导向以及传统和合文化，展示了解决和平、发展、治理等人类问题的中国智慧、中国方案。

和——人类命运共同体（目标驱动）。

合——一带一路（问题导向）。

共建“一带一路”倡议正成为构建人类命运共同体的重要实践平台。在第二届“一带一路”国际合作高峰论坛开幕式上的主旨演讲中，习近平主席指出，共建“一带一路”倡议，目的是聚焦互联互通，深化务实合作，携手应对人类面临的各种风险挑战，实现互利共赢、共同发展……从亚欧大陆到非洲、美洲、大洋洲，共建“一带一路”为世界经济增长开辟了新空间，为国际贸易和投资搭建了新平台，为完善全球经济治理拓展了新实践，为增进各国民生福祉作出了新贡献，成为共同的机遇之路、繁荣之路。事实证明，共建“一带一路”不仅为世界各国发展提供了新机遇，也为中国开放发展开辟了新天地。面对新冠疫情大流行，习近平主席强调把“一带一路”打造成团结应对挑战的合作之路、维护人民健康安全的健康之路、促进经济社会恢复的复苏之路、释放发展潜力的增长之路。

“一带一路”正在解决当今世界四大赤字——“和平赤字”“发展赤字”“治理赤字”“信任赤字”，在解决问题的过程中推动构建人类命运共同体。

1. 和平赤字。盗贼出于贫穷——当今世界的“和平赤字”，一方面是历史遗留，另一方面由不公正、不合理的国际秩序所带来。“一带一路”聚焦发展不充分、不均衡、不包容等根本性问题，以发展求安全，以安全促发展，推动经济全球化朝开放、包容、普惠、平衡、共赢方向发展，实现国家、地区和全球层面的长治久安。

2. 发展赤字。世界银行发布《“一带一路”经济学》研究报告指出，“一带一路”框架下的交通走廊项目有望帮助全球 760 万人摆脱极端贫困、3200 万人摆脱中度贫困。[①] 除了脱贫外，“一带一路”建设还是缩小贫富差距的有效药方，帮助内陆国家和地区寻找海洋，融入全球分工；通过聚焦基础设施和互联互通，再现中国经验——要致富，先修路。

3. 治理赤字。当今世界，碎片化的治理格局困扰国际社会。正如全球能源互联网计划以“智能电网 + 特高压 + 清洁能源”三位一体彻底解决人类能源短缺问题，同时实现碳排放减少所显示的，“一带一路”倡议主张标本兼治，统筹协调，推动广大发展中国家参与全球治理，对接已有的国际治理机制，实现从起点、过程到结果的公平正义。

4. 信任赤字。“坚持公正合理，破解治理赤字”“坚持互商互谅，破解信任赤字”“坚持同舟共济，破解和平赤字”“坚

① *Belt and Road Economics: Opportunities and Risks of Transport corridors*.https://openknowledge.worldbank.org / handle / 10986 / 31878。

持互利共赢，破解发展赤字”。2019 年 3 月，习近平主席在巴黎出席中法全球治理论坛闭幕式，并发表题为《为建设更加美好的地球家园贡献智慧和力量》的重要讲话，为全球治理提供中国方案。“信任是国际关系中最好的黏合剂”，要把互尊互信挺在前头，把对话协商利用起来，坚持求同存异、聚同化异，通过坦诚深入的对话沟通，增进战略互信，减少相互猜疑。

“一带一路”倡议被写进《中国共产党章程》，人类命运共同体理念被写进《中国共产党章程》和《中华人民共和国宪法》，成为新时代解决人类问题的代表性中国方案、中国智慧，展示了中国共产党人的世界初心。

“一带一路”倡议是实现人类命运共同体之道，首先在于超越世界之分，倡导和合文化，其次在于告别近代，走出西方。这其中有三个维度的内涵：

—— 命运自主。走符合自身国情发展道路。人类命运共同体的核心要旨是，“世界命运应该由各国共同掌握，国际规则应该由各国共同书写，全球事务应该由各国共同治理，发展成果应该由各国共同分享”[①]。“一带一路”倡议助推各国走符合自身国情的发展道路，实现自主发展，将命运掌握在自己手中。

—— 命运与共。互联互通、共同繁荣。习近平主席在第一届“一带一路”国际合作高峰论坛圆桌峰会上的开幕辞（2017 年 5 月 15 日）中指出，“一带一路”建设的核心内容是促进

① 习近平：《论坚持推动构建人类命运共同体》，中央文献出版社 2018 年版，第 417 页。

基础设施建设和互联互通，对接各国政策和发展战略，深化务实合作，促进协调联动发展，实现共同繁荣。

—— 命运共同体。人类命运共同体理念融入了利益共生、情感共鸣、价值共识、责任共担、发展共赢等内涵。共建“一带一路”主张守望相助、讲平等、重感情，坚持求同存异、包容互谅、沟通对话、平等交往，把别人的发展看成自己的机遇，推进中国同沿线各国乃至世界发展机遇相结合，实现发展成果惠及合作双方、合作各方。

一、发现旧大陆

欧亚大陆是人类文明的主要发源地之一，但在地理大发现开启的海洋型全球化中反而落后了，成了旧大陆。

西方人开创了全球化，但世界夜晚的灯光主要集中在北美、日本和欧洲的沿海地区；世界上 90% 的贸易量、80% 的贸易额通过海洋完成，而世界海上的物流主要集中在大西洋之间。互联网更是如此，全世界只有 13 台根域名服务器（名字分别为“A”至“M”），其中 1 个为主根服务器，在美国；其余 12 个为辅根服务器，有 9 个在美国、1 个在英国、1 个在瑞典、1 个在日本。按照世界银行的数据，当今世界产出的六成来自沿海地区的 100 公里地带。这种以西方为中心的“海洋型全球化”其实是“部分全球化”（partial globalization）或“单向度全球化”。正如《共产党宣言》描绘的：“正像它使农村从属于城市一样，它使未开化和半开化的国家从属于文明的国家，使农民的民族从属于资产阶级的民族，使东方从属于西方。”

改革单向度全球化，首先就要实现陆海联通。全球有 44 个内陆国，欧洲之外有哪个内陆国家实现了工业化，进而实现了民主化？很难找到！为什么“丝绸之路经济带”在世界上最大的内陆国家——哈萨克斯坦提出？原因也在这里。从空间角度来讲，“一带一路”倡议在很大程度上帮助了那些内陆国家寻找到出海口，实现陆海联通。比如，欧洲有“三河”（易北河、多瑙河、奥得河）通“三海”（波罗的海、亚得里亚海、黑海）的千年梦想。“一带一路”倡议激活了这一梦想，助推欧洲互联互通，形成中欧陆海快线、三海港区的大项目。另外一个是实现规模效应，现在欧洲越分越小，“一带一路”倡议提出以后，能够把小国连通在一起，建立大市场，尤其是把内陆和海洋连在一起，实现陆海联通。

因此，“一带一路”倡议将改革传统的全球化，朝向开放、均衡、包容、普惠方向发展，让全球化“无死角”。要让全球化更加均衡，以解决内陆地区和国家社会治安和发展等一系列问题，“一带一路”倡议让南方国家更多参与，让欠发达国家从要外援到要投资，开创南北联动、陆海联动的联动型全球化。

世界上所有国家、所有民族都应该享有平等的发展机会和权利。我们要直面贫富差距、发展鸿沟等重大现实问题，关注欠发达国家和地区，关爱贫困民众，让每一片土地都孕育希望。①

美国战略家康纳在《超级版图》一书中提出，未来40年的基础设施投入将超过人类过去4000年！传统全球化中的关税减让，最多能推动世界经济增长5%，而新型全球化中的互联互通，将推动世界经济增长10%～15%。因此，"一带一路"建设给全球化提供了更强劲的动力。麦肯锡预测，到2050年，"一带一路"建设会新增30亿中产阶级。未来十年，将新增2.5万亿美元贸易。"一带一路"建设首先着眼于基础设施的互联互通，按照世界银行前高级副行长林毅夫教授模型预测，发展中国家每增加1美元的基础设施投资，将增加0.7美元的进口，其中0.35美元来自发达国家。全球基础设施投资将增加发达国家的出口，为其创造结构性改革空间。②

正如习近平主席2016年8月17日在推进"一带一路"建设工作座谈会上的讲话中指出的，以"一带一路"建设为契机，开展跨国互联互通，提高贸易和投资合作水平，推动国际产能和装备制造合作，本质上是通过提高有效供给来催生新的需求，实现世界经济再平衡。特别是在当前世界经济持续低迷的情况下，如果能够使顺周期下形成的巨大产能和建设能力走出去，支持沿线国家推进工业化、现代化和提高基础设

① 习近平：《加强政党合作 共谋人民幸福——在中国共产党与世界政党领导人峰会上的主旨讲话（2021年7月6日，北京）》，《人民日报》2021年7月7日。

②《林毅夫：以"全球基础设施投资"应对全球经济挑战》，http//caijing.chinadaily.com.cn//fiance/2016-10/14/content_27067521.htm。

施水平的迫切需要，有利于稳定当前世界经济形势。

“一带一路”建设如何发现旧大陆，可以用几句诗来表达。

（一）“天堑变通途”

费尔干纳盆地被群山环抱，当地通往乌兹别克斯坦首都塔什干的路线被山脉阻隔，以往需要绕经邻国才能抵达。“一带一路”倡议提出后，中国建设者来到这里，仅用了900天时间，便帮助打通了全长19.2公里的卡姆奇克隧道。天堑自此变通途。

在“一带一路”建设过程中，这样的事情并非孤例。习近平主席深刻指出：“共建‘一带一路’，关键是互联互通。”基础设施是互联互通的基石，也是许多国家发展面临的瓶颈。建设高质量、可持续、抗风险、价格合理、包容可及的基础设施，有利于各国充分发挥资源禀赋，更好地融入全球供应链、产业链、价值链，实现联动发展。在“一带一路”框架下，“六廊六路多国多港”的互联互通架构基本形成，四通八达的交通网正在沿线国家铺展。未来，随着越来越多的国家加入构建全球互联互通伙伴关系的行动中来，人们将见证更多“天堑变通途”的人间奇迹。

（二）“天涯若比邻”

国之交在于民相亲，民相亲在于心相通。“一带一路”倡议提出以来，相关国家开展了形式多样、领域广泛的公共外交和文化交流，增进了相互理解和认同，为共建“一带一路”奠定了坚实的民意基础。

互联互通到哪里，民心相通就到哪里。两届“一带一路”国际合作高峰论坛在民心相通领域达成了一大批成果，各国议会、友好省市、智库、学界、媒体和民间团体交往将进一步密切，科技、文化、艺术、创意经济、农村发展和民间工艺、考古和古生物、文化和自然遗产保护、旅游、卫生、体育等领域的交流和合作有望进一步加强。

志合者，不以山海为远。从千年前的驼铃声中走来，和平合作、互利共赢的愿望从未被山海阻隔；向新千年的愿景走去，开放包容、互学互鉴的理念让世界携手同行。

（三）“天涯共此时”

近悦远来，共襄盛举。

作为一个开放包容的国际合作平台，“一带一路”建设成为当今世界广泛参与的国际合作平台和广受欢迎的国际公共产品。第二届“一带一路”国际合作高峰论坛，更是吸引了150多个国家、92个国际组织的近5000位外宾。

凡益之道，与时偕行。长久以来，在经济全球化的大潮中，很多发展中国家成为“被遗忘的角落”，只能以原材料来源地和商品销售市场的角色存在。“一带一路”倡议秉持共商共建共享理念，致力于促进资金、设施、人员等生产要素的互联互通。

彩云长在有新天。推进“一带一路”建设，为促进世界经济增长、深化地区合作打造更坚实的发展基础。“天涯共此时”的体悟将贯穿在各国人民对美好生活的向往成为现实的过程中。各国同呼吸、共命运，合力构建人类命运共同体，最终将实现“太平世界，环球同此凉热”。

二、发展新大陆

说不尽的痛苦，流不尽的血，突尼斯被侵占了两千年。说不尽的欢喜，说不完的庆祝，突尼斯人第一次掌握政权。

中国客人远道来访，到处受到欢迎。这事一点也不偶然，这事一点也不偶然！共同的命运，共同的任务，使我们找到共同的语言。

主人说：不能让老殖民主义走了，新殖民主义又进来。

客人说：对、对、对！中国也一样，要把新老殖民主义一齐推翻。

——陈毅《突尼斯人语》

不患寡而患不均。非洲、美洲被欧洲殖民者称为新大陆。

非洲为何过去没发展起来？为何如今“一带一路”建设在非洲最易出成果？

“一带一路”建设在非洲一定要重视二元性问题：非洲国家的经济基础是南方的，但上层建筑与意识形态却是北方的，因为其上层精英多是西方培养的（媒体也是西方控股），他们推行西方标准政策，与非洲国家现处的发展阶段严重不相匹配！

为什么非洲资源如此丰富，劳动力如此便宜，怎么就出不了一个邓小平，带领大家搞改革开放脱贫致富呢？

原来，西方人把非洲看作自家的“后花园”：我的后花园保持原生态就好，怎能建工厂？“一带一路”建设带来了中国的“发展是硬道理”理念，于是乎西方开始大惊小怪，指责“一带一路”建设不按高标准、四处制造债务危机……这背后的心理动机不言自明。

实际情况是非洲在被西方殖民的数百年间都未能发展起来，直到“一带一路”倡议落地，非洲才开始了真正的发展！孰优孰劣，高下立见！“一带一路”建设为非洲带来了两大效应：陆海联通、洲际联动。

实现陆海联通的典型案例是蒙内铁路、亚吉铁路的建成，这不仅为肯尼亚、埃塞俄比亚内地找到了出海口，同时通过港口贸易让其融入全球价值链，承接大宗商品交易和产业转移，进而将带动产生非洲的“长三角”“珠三角”，实现经济腾飞。因为近代欧洲人开创的全球化实质是海洋型全球化——沿海港口城市成为进出口贸易的中心，进而可以发展成金融中心，比如纽约、伦敦、上海、香港、新加坡、东京等国际大都会，于是优先发展沿海区域在当前海洋文明主导世界的时代就成了自然而然的优先选项。此外，沿海地区还能直接与海底光缆联通，具有打造发达信息网络的先天优势。修建蒙内铁路、亚吉铁路就是为非洲寻找出海口，这让肯尼亚、埃塞俄比亚朋友一下子明白了陆海联通的战略意义。

洲际联动，更是让发展中国家最集中的非洲通过印度洋、北非和地中海、中东地区融入欧亚大陆的振兴——丝绸之路的复兴。回顾丝绸之路的兴衰，我们会发现，印度洋的大部分海域靠近非洲沿岸，只不过因为欧洲人当年为寻找香料远航的目的地是印度，因而得名。

“一带一路”建设推动南南合作，升级中非合作战略意义：西方走出非洲，中国走进非洲。“一带一路”倡议对接非盟《2063年议程》，契合联合国2030年可持续发展目标，体现中国梦与非洲梦的融通。同时，因为中国的到来，非洲正在产生弯道超车、变道超车效应。如肯尼亚可能跨过4G直接迈入5G时代；蒙内铁路在肯尼亚被称为“标轨铁路”（Standard Gage Railway，SGR），它的建成，表示肯尼亚新时代的到来。

发展新大陆，便是要先破后立，破殖民统治影响，立“一带一路”国际合作倡议。

“一带一路”四个字，综合展示了中国改革开放、“四个自信”和连续不断文明的三重魅力：

一是改革开放的魅力。正如2013年9月习近平主席在哈萨克斯坦纳扎尔巴耶夫大学发表演讲时指出的，“为了使欧亚各国经济联系更加紧密、相互合作更加深入、发展空间更加广阔，我们可以用创新的合作模式，共同建设‘丝绸之路经济带’，以点带面，从线到片，逐步形成区域大合作”。“一带一路”的“带”是经济带、经济走廊与经济发展带，是中国改革开放模式经验的体现，“路”也是。中国人有句话：要致富，先修路；要快速，修高速。

二是“四个自信”的魅力。在中国，“路”不只是物理的路，还有抽象含义，指近代以来尤其是新中国成立以来探索出的一条符合中国国情的发展道路。在这一过程中，中国实现了道路自信、理论自信和制度自信，而其底蕴就是文化自信。

三是五千年连续不断的中华文明的魅力。在中华文化里，“路”只是实现“道”的一种方式。这里的“道”，就是命运共同体。“道”怎么说的呢?《道德经》第42章说，道生一，一生二，二生三，三生万物。今天的道就是命运共同体。因此，“一带一路”不是一条，而是很多条，大家都有份，因为它是开放的、包容的。

非洲朋友一开始以为“一带一路”是古代欧亚大陆丝绸之路的复兴，因此呼吁“一带一路”加“一洲”——非洲。但通过实践，他们已经意识到，非洲不只是“一带一路”的自然延伸，更是天然伙伴。原因有三：

一是非洲国家对西方日益失望，纷纷向东看。改革开放前，中国人均收入只有非洲撒哈拉沙漠以南国家人均收入的三分之一。但是今天的中国已成为非洲国家羡慕的对象。中国的富强不是靠殖民主义、帝国主义或战争，它通过“一带一路”倡议帮助非洲造血、养血（工业化+现代化），这与西方国家在非洲是“吸血”（殖民+剥削）、“输血”（援助+去工业化）有着本质的区别。

二是中国最可能带动非洲现代化。在联合国工业体系分类中，有39门（中国41门）大的工业体系、151门（中国207门）

中等工业体系、525门（中国666门）小的工业体系，唯一全部具有的国家，就是中国！中国可以生产包括从火柴到火箭、从味精到卫星、从螺母到航母在内的几乎所有的东西。同时，中国还在实现产业数字化、数字产业化。所以，建设“一带一路”的效率最高、成本最低。且中国现代化经验最为鲜活，又不干涉非洲国家内政，最适合非洲国情。而发达国家普遍产业空心化，私人资本导向使它们不可能帮助非洲搞基础设施建设，它们也不希望非洲实现工业化，而只是把非洲作为其原材料产地和能源供给来源。

三是作为先发的发展中国家，中国不仅有能力，也有责任帮助非洲实现现代化。“一带一路”建设倡导战略对接、国际产能合作，就是对接非洲发展战略(包括非洲梦——作为“非洲愿景和行动计划”的《2063年议程》、非洲各国梦），实现优势互补、互利共赢：中国的优势是优质富余产能，资金、技术、经验优势，非洲的优势是资源、劳动力、市场；中国在对接过程中创造海外市场利润，参与制定国际标准；非洲实现脱贫致富、命运自主，实现联合国2030年可持续发展议程目标。中非合作是真正的南南合作，是构建人类命运共同体的先行者。

欧洲殖民世界所谓发现新大陆，并没有发展之（北美除外）；中国通过“一带一路”建设不仅重新发现旧大陆——欧亚大陆，也在发展新大陆——非洲和拉丁美洲，体现了己欲立而立人、己欲达而达人的天下情怀。

三、全球互联互通伙伴

人类命运共同体理念已然成为推动全球治理体系变革、构建新型国际关系和国际新秩序的共同价值规范。中国方案引领全球治理新秩序。

习近平主席指出，发展是解决一切问题的总钥匙。推进“一带一路”建设，要聚焦发展这个根本性问题，释放各国发展潜力，实现经济大融合、发展大联动、成果大共享。[①]

在全球产业链中，中国处于游刃有余的地位：既可以向上走，也可往下走，这是吸引许多国家参与“一带一路”建设的动力之一。中国借助“一带一路”国际合作与发达国家联合开发第三方市场，不仅规避竞争，又发掘新的互补合作空间。

随着生产和贸易全球化的不断深入，中国进入以转型升级带动经济持续发展的阶段，产业已由劳动密集型转向技术密集型，正从全球价值链低端向中高端攀升。其结果，“世界经济的循环从传统的‘中心—外围’式的单一循环，越来越变为以中国为枢纽点的‘双环流’体系，其中一个环流位于中国与发达国家或地区之间（北美经济体和西欧经济体等），另一个环流存在于中国和亚非拉等发展中国家或地区之间。一方面，中国与发达国家之间形成了以产业分工、贸易、投资、资本间接流动为载体的循环体系；另一方面，中国又与亚非拉

① 习近平：《论坚持推动构建人类命运共同体》，中央文献出版社 2018 年版，第 435 页。

发展中国家之间形成以贸易、直接投资为载体的循环体系”。[①]

在融入全球价值链的基础上重新构建双环流价值体系，不是要放弃已具有的国际市场份额和需求,而是要融入全球价值链,拓展市场范围和需求，提高经济可持续发展能力。正如“双环流价值链体系”图所显示的。

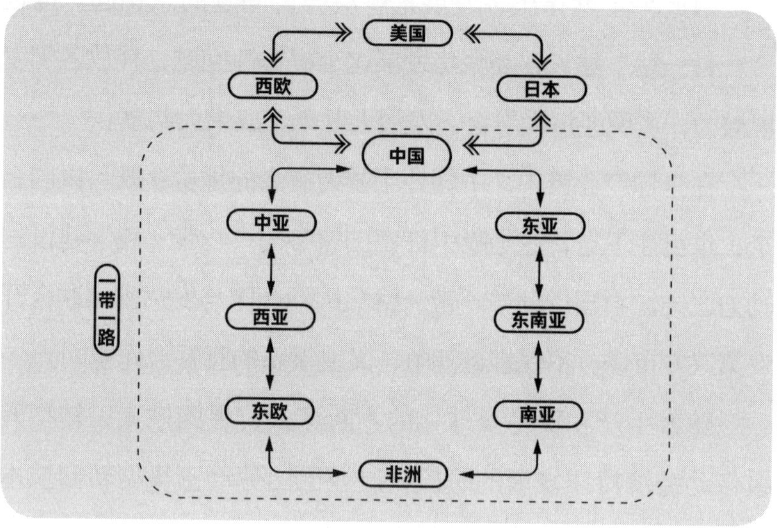

双环流价值链体系[②]

习近平主席2017年5月14日在首届“一带一路”国际合作高峰论坛开幕式上发表的主旨演讲中指出，我们正处在一个挑战频发的世界。世界经济增长需要新动力，发展需要更加普惠平衡，贫富差距鸿沟有待弥合。地区热点持续动荡，

① 刘伟、郭濂主编：《一带一路：全球价值双环流下的区域互惠共赢》，北京大学出版社2016年版，第3页。

② 参见蓝庆新、姜峰：《“一带一路”与以中国为核心的国际价值链体系构建》，《人文杂志》2016年第5期，第30页。

恐怖主义蔓延肆虐。和平赤字、发展赤字、治理赤字，是摆在全人类面前的严峻挑战。

为解决这“三大赤字”（后增加了“信任赤字”），习近平主席在演讲中回溯到两千年前的丝路文明，号召我们不忘初心，不让浮云遮目，坚定信念——各国之间的联系从来没有像今天这样紧密，世界人民对美好生活的向往从来没有像今天这样强烈，人类战胜困难的手段从来没有像今天这样丰富，中国在历经四十多年改革开放所探索出的“创新、协调、绿色、开放、共享”等五大发展理念的基础上，提出“和平之路、繁荣之路、开放之路、创新之路、文明之路”的“一带一路”建设理念，展示了解决世界性难题的中国方案。

和平之路：丝绸之路是和平的产物。今天，“一带一路”建设通过倡导发展导向的全球化，树立共同、综合、合作、可持续的安全观，标本兼治，统筹协调，综合施策，正在消除冲突、动荡的根源。

繁荣之路：丝绸之路是繁荣的标志。古丝绸之路沿线地区曾是“流淌着牛奶和蜂蜜的地方”。“一带一路”建设正在再现这种繁荣景象，通过“经济大融合、发展大联动、成果大共享”，给世界经济发展带来福音。

开放之路：丝绸之路是开放的结果。“一带一路”建设正在打造“开放、包容、普惠、平衡、共赢的经济全球化”，是应对保护主义的最有力方案。

创新之路：丝绸之路是创新的宝库。“一带一路”建设着眼于21世纪的互联互通，创新合作模式、创新合作观念，引领国际合作方向。

文明之路：丝绸之路是文明的象征。“一带一路”建设将人类四大文明——埃及文明、巴比伦文明、印度文明、中华文明串在一起，通过由铁路、公路、航空、航海、油气管道、输电线路和通信网络组成的综合性立体互联互通的交通网络，推动内陆文明、大河文明的复兴，推动发展中国家脱贫致富，推动新兴国家持续成功崛起。一句话，以文明复兴的逻辑超越了现代化的竞争逻辑，为21世纪国际政治定调，为中国梦正名。“一带一路”建设所开创的文明共同复兴的秩序可称为“文明秩序”。

总之，以“和平之路”“繁荣之路”“开放之路”“创新之路”“文明之路”这“五路”（现在还包括绿色之路、廉洁之路）的推进逐步消除世界“四大赤字”——和平赤字、发展赤字、治理赤字、信任赤字，这就是“一带一路”建设，是中国共产党人和中华文化天下大同的初心。

为了与合作伙伴共商合作大计、共建合作平台、共享合作成果，中国举办了两届“一带一路”国际合作高峰论坛，首届强调发展导向：发展是解决一切问题的总钥匙。第二届强调在发展中规范，在规范中发展，以开放、绿色和廉洁理念推动“一带一路”建设高标准高质量发展。首届讲问题导向——和平、发展、治理三大赤字，第二届讲目标驱动——构建人类命运共同体。

我们应该构建全球互联互通伙伴关系，实现共同发展繁荣。构建全球互联互通伙伴关系，关键在联通，核心在伙伴，是伙伴关系这一新型国际关系的实践。不同于联盟体系的依附性、不平等性和必须有假想敌的对抗性，伙伴关系主张各国命运自主、平等参与，不针对第三方。

全球互联互通伙伴特别针对当今世界的三种现象：被联通——通往邻国的航班没有直航，只能从巴黎转；联而不通——邻国间的心理距离比各自与西方的心理距离远，可谓同床异梦；通而不联——文明古国心心相契，然缺乏互联。“一带一路”建设让天堑变通途，才能天涯若比邻，体会天涯共此时——不是外国的月亮比我国的圆，而是共一个月亮：人类命运共同体。

“一带一路”建设源于历史，属于未来，源于中国，属于世界，是推进开放、包容、普惠、平衡、共赢新型全球化的倡议，是践行人类命运共同体的合作平台和最受欢迎的国际公共产品。第二届“一带一路”国际合作高峰论坛期间，各方达成283项务实成果，企业家大会上也签署了总额640多亿美元的合作意向协议。正如习近平主席指出的，这些成果说明共建“一带一路”应潮流、得民心、惠民生、利天下。这就是“一带一路”建设的全球化逻辑。

习近平主席在博鳌亚洲论坛2021年年会开幕式上的视频主旨演讲指出，共建“一带一路”追求的是发展，崇尚的是共赢，传递的是希望。受疫情影响，全球跨境投资不同程度下降，但是“一带一路”投资合作稳中有进，为全球经济恢复注入宝贵动力。习近平主席强调，“一带一路”是大家携手前进的阳光大道，不是某一方的私家小路。所有感兴趣的国家都可以加入进来，共同参与、共同合作、共同受益。这体现了中国一以贯之的和合共生发展理念。面向未来，中国将同各方继续高质量共建“一带一路”，践行共商共建共享原则，弘扬开放、绿色、廉洁理念，努力实现高标准、惠民生、可持续目标。通过建设更紧密的卫生合作伙伴关系、互联互通伙伴关系、绿色发展伙伴关系、开放包容伙伴关系，把“一带一路”建成“减贫之路”“增长之路”，为人类走向共同繁荣作出积极贡献。

篇　三

自身维度：天下大同

人类命运共同体有三个关键词——

人类：超越国家利益看人类社会未来，关注长远、整体人类利益。既是应对气候变化等全球性危机，也是塑造人工智能、全球公域秩序，不能重复权力政治。

命运：超越资本全球化时代强者更强、弱者更弱的逻辑，实现人类共赢、安全共享。

共同体：各国命运应该掌握在自己手里，这是形成命运共同体的前提；其次超越国际社会，确立人类意识和共同身份。

第七章

构建人类命运共同体的思维

世界潮流，浩浩荡荡，顺之则昌，逆之则亡。要跟上时代前进步伐，就不能身体已进入 21 世纪，而脑袋还停留在过去，停留在殖民扩张的旧时代里，停留在冷战思维、零和博弈老框框内。

——习近平

人类命运共同体理念的提出，标志着中国告别近代，走出西方，不再囿于中西、体用的纠缠，而是超越国际，关注人类；超越经济全球化，关注命运；超越国际社会，关注共同体。

道路决定命运。2019 年 6 月，G20 大阪峰会上，时任日本首相安倍晋三抛出了“社会 5.0”概念，认为人类社会发展至今，已经历了狩猎社会、农耕社会、工业社会、信息社会，接下来会进入以人为中心的未来社会（虚拟空间与物理空间的高度融合）：通过新技术如万物互联、机器人、人工智能等的运用，大数据将取代资本连接并驱动万物，并帮助不断缩小贫富差距。

习近平新时代中国特色社会主义思想以人民为中心，以

	古代（天下）	近现代（现代化）	新时代（人类命运共同体）
世界观	天人合一	线性进化论	告别近代，走出西方
方法论	究天人之际 通古今之变	中学为体 西学为用 学贯中西	人类情怀，世界担当

中国自古至今在世界观和方法论上的变迁

人类为情怀，汲取五千年中华文明灵感，承载近代以来中华民族现代化梦想，开辟马克思主义中国化、时代化、大众化新境界，这在“人类命运共同体”三个关键词“人类”“命运”“共同体”中得到了充分体现。

“人类”是中国传统人本主义思想和天下观的时代升华。近代欧洲开创的威斯特伐利亚体系中，以民族国家为单元的国际体系滥觞于世，既稳定了国际秩序也带来了不公，如今许多国家仍然是部落制，现代国家能力建设滞后于时代，且强者逻辑、先发逻辑一直在拷问国际公平正义。习近平主席系天下、贯中西、怀南北，高瞻远瞩提出以“人类”为单元的世界观，超越国家、民族的分野，充分展示中国传统文化的整体观、系统论以及民本思想和天下情怀。

“命运”源于180年来中国走出的符合自身国情发展道路的实践。中国独立自主，将命运牢牢掌握在自己手上，秉承“己欲立而立人，己欲达而达人”理念，鼓励各国将命运掌握在自己手中，走符合自身国情的发展道路，可以说是以中华国运带动人类命运，树立了超越意识形态、价值观的整体身份和未来认同，体现了中国世俗文明的时代魅力。

“共同体”超越民族想象共同体、中华文化共同体的层次，追求人类共同体的大同，实现全球化时代的天下一家梦想，超越地区一体化和全球化的矛盾，超越近代以来中心-边缘全球化体系，实现地理、政治、文化的合一，从此成就人类命运。

“人类”“命运”“共同体”这三方面均超越了近代以来西方开创的政治文明，是人类文明的创新，也是在新时代践行马克思主义自由人联合体、共产主义理想的实践，充分展示了社会主义文明的魅力和世界人民的期待。

人类命运共同体理念中，命和运是结合在一起的，命是解决身份认同的问题，解决安全感和获得感的问题。运是解决发展的问题，解决态势和未来的问题。人类命运共同体是在信息化开放的时代弘扬天下大同的思想。“各美其美，美人之美，美美与共，天下大同”放在命运共同体中来讲可以说是“各命其命，命人之命，命命与共，天下大同”“各运其运，运人之运，运运与共，天下大同”。

“往者不可谏，来者犹可追。”[①] 人类命运共同体既是从昨天看明天，也是从后天看明天；既是现在时，也是未来时。

---

①《论语·微子》。

一、超越民族国家

梁启超先生在《中国史叙论》一文中描绘了中国的三重身份：中国的中国、亚洲的中国、世界的中国。与此相对应，今日之中国身份有三：一是“传统中国”（Traditional China），即传统农耕文化、内陆文明孕育的“文化共同体”。二是“现代中国”（Modern China），即近代以来随着“天下”观破灭后被迫融入西方国际体系而塑造的现代“民族国家”身份。由于国家尚未统一，“现代中国”身份仍在建构中，民族融合与核心价值观建构挑战尚存。三是“全球中国”(Global China)，它是指随着中国的改革开放，那些利益和观念国际化、全球化的部分，既坚持传统文化，又包容价值普世性，而处于形成之初级阶段的全新国家身份。比如，中国10亿网民越来越多地拥有“全球公民”身份，而非“中国人”之单一属性。

传统中国，经历“夷夏之辨”而形成；现代中国，经历“中西之辨”而塑造；全球中国，因为“一带一路”而伸展。

走向海洋的中华文明，不得不再次面向西方。不过，这次是民族的自觉行为与自主选择。它要解决的是鸦片战争以来近两百年的问题，面对的是“千年未有之变局”。中华文明的复兴，是注定要继承、发展、创新与当年将“西天”的佛教变成华夏之佛学、神州之禅宗相类似的壮举，将欧洲的普世价值之术内化为中国之道——人类共同价值，从而确立中国崛起的道统。

中国崛起的最大身份优势，就是作为文明型国家的崛起，这就超越了美国、欧盟作为人造国家、组织的政治认同。因此，以西方的民主、人权观来诠释中国治理的合法性，以所谓的国际关系理论来解释中国和平崛起战略，必然是牛头不对马嘴的。作为文明型国家，时间上追求道统“定于一”，空间上推崇“四海一家”，这就不能用西方式时空逻辑分析其在全球化世界的崛起态势，必须回到文明的自身维度——文明的生命力。

从文明的生命力观之，中国特色社会主义道路，对内是中华文明的复兴之路，是中华民族的富强之路，是中国人民的幸福之路；对外是人类文明史上的伟大创举，是中国对世界的历史性贡献。中国崛起是一种全球化现象，并非单纯只是一个国家的崛起。为了厘清全球化时代里的中国身份，要依次解决好以下三个维度问题：

其一是文明的时间维度。传统中国，是一个拥有 5000 年文明的古老国度。中国的崛起，是迄今人类文明史上唯一延绵不断的古老文明的伟大复兴。然而，这种复兴，不只是恢复汉唐盛世，而是要在全球化世界实现文明复兴。为了达成文明复兴，就依次要解决内陆文明走向海洋、传统文化走向现代的时代课题。中国崛起过程中纠结的台湾问题、南海问题等，本质上是“中国的中国”“亚洲的中国”二元身份的纠葛。只有恢复中国在亚洲的文明道统地位，台海关系、中日关系、中国与周边关系，才可能根本理顺。

其二是文明的空间维度。现代中国，是一次 500 年来被迫融入西方体系的民族嬗变。中国是文明古国中少有的未被西方完全殖民且改革开放不以西化为旨趣的国家。现代中国的身份建构，不仅要处理传统文明如何走向现代化的问题，而且肩负实现东西方文明大包容的伟大使命；又不会落入西方式大国崛起的权势转移陷阱、东西方文明的冲突。中华文明能否超越西方文明为全球治理提供可持续发展的器物、制度与精神支撑，是国际关系史上的重大考验。

其三是文明的自身维度。全球中国，是一个超越复兴与崛起，超越时间与空间，着眼于文明的生命力即自身演绎的全新身份。在古今中国、东西方中国之外，实现南北中国的人类使命，合目的地开创人类文明新范式、继承性创建人类共同价值体系，是人类文明发展史的全新挑战。

总之，坚信应该对人类作出较大贡献的中国，当以文明自觉探寻中国和平发展道路的世界意义，以文明自信推动人类文明进步。中国崛起的道统，不仅在于复兴传统中华文明，也在于构建新型国际关系和构建人类命运共同体，合目的地开创人类文明新范式，实现“传统中国”“现代中国”“全球中国”身份的三位一体。正如习近平主席在亚洲文明对话大会上所指出的，“今日之中国，不仅是中国之中国，而且是亚洲之中国、世界之中国。未来之中国，必将以更加开放的姿态拥抱世界、以更有活力的文明成就贡献世界”[①]。

① 习近平：《深化文明交流互鉴　共建亚洲命运共同体——在亚洲文明对话大会开幕式的主旨演讲》（2019 年 5 月 15 日，北京）http://www.xinhuanet.com/politics/leaders/2019-05/15/c_1124497022.htm。

二、超越自由国际秩序

人类命运共同体与自由国际秩序（liberal international order）是什么关系？是不是中国要恢复天下体系？这是国际社会普遍关心的问题。

自由国际秩序也称为“自由主义国际秩序”，其实是“美国治下的和平”（Pax Americana），包括三大支柱：一是联合国体系，中国是其中一部分。随着美国退群、反多边主义，中国反而在捍卫之。二是亚太地区的“辐辏”（Hub-Spokes）体系，即以美日、美韩、美澳、美菲、美泰双边同盟为辐，以美国霸权为辏，同时实现美国提供安全和市场准入、盟国提供美国前沿军事部署和战略伙伴的“共赢”地区安全秩序。约翰·伊肯伯里形象地将这种自由主义的霸权秩序描述为“东亚国家出口商品到美国市场，美国出口安全到东亚”[①]。中国崛起打破了这一局面，从而出现“安全靠美国、经济靠中国”的“亚洲悖论”。三是跨大西洋体系，以北约为核心，以美欧共同价值观为纽带，维护西方主导的治理结构，但特朗普上台后推行的单边主义使之遭遇空前挑战，加上英国脱欧的“黑天鹅事件”，使美欧之间出现重大分歧，无怪乎默克尔

① 〔美〕约翰·伊肯伯里：《自由主义利维坦：美利坚世界秩序的起源、危机和转型》，赵明昊译，上海人民出版社 2013 年版，第 148 页。

呼吁“欧洲的命运要掌握在自己手里”[①]。

自由（liberty）是二分法思维，即以自身的自由民主、市场经济价值观区分世界，制造所谓西方 - 非西方（west-rest）的对立。因此，自由国际秩序是排他性秩序，针对所谓的不自由的国家。在当今互联互通世界里，不公正、不合理、不可持续的一面更加显现——美国已无力领导世界，自由那套也不得人心，更何况美国债务如此高，不管领不领导都先宣告“美国优先”了。

套用英国智库欧洲对外关系委员会主任马克·莱昂纳德的说法，“欧盟成员国有政策，没有价值观；欧盟有价值观，没有政策”，自由以国内价值观划线搞外交统一战线，意味着失去独立性—— 盟友有政策但独立性大打折扣，价值观也更多交给美国。中国、俄罗斯是美国之外当今世界上最独立自主的国家，成为美国领导的自由国际秩序（US-led liberal international order）的对手。印度自称是世界上最大的民主国家，长期为不结盟运动领袖，长期秉持独立自主理念，如今甘愿成为美国遏制中国的一环，是大大的倒退。

再说，自由国际秩序，联合国、国际法认可吗？恐怕美国领导才是关键，是否“自由”是美国来界定的。特朗普时期，美国精英把他与美国进行切割，认为特朗普不能代表美国价

①Allen Nand Mulholland R（2017），*Europe can no longer rely on the US and UK，warns Merkel. The Telegraph*，28 MAY 2017.

值观，让西方继续指望美国领导。其实，不管谁做美国总统，美国的价值观、领导权都不会变。美国国内政治极化，黑人尚“不能自由呼吸”，却热衷追求国际秩序的美国领导权，这本身就不自由！只许美国霸道，不许欧洲选择，自由国际秩序的内在逻辑充满矛盾。

中国并不反对自由国际秩序，而是要包容之。中国不用二分法思维区分敌友，反而一直提倡“和合共生”。构建人类命运共同体就是中国和合文化的体现，旨在实现国际社会价值观的最大公约数。基辛格认为，从来不存在一个真正全球性的“世界秩序”①。中国古代天下秩序也是中外秩序。今天要建立超越中外的全球秩序，这就是人类命运共同体的使命。

为何人类命运共同体明明是告别近代、走出西方的理念，西方却以近代、西方逻辑评判之？推而广之，为何西方老误解中国？究其根源，有以下几方面原因：

一是线性进化论（linear evolution）思维作怪：你在重复我的过去。认定人类命运共同体是复兴中国的天下观，而天下观是霸权观，宣称人类命运共同体是自由国际秩序的敌人，并号召加以抵制，暗含逻辑是：中国正在重复我的过去！

二是普世价值观（universalism）作怪：国内的就是国际的；你的价值观按我的来。中国儒、道、释并存，自然成为作为一神论产物的普世价值观的敌人。

---

①〔美〕亨利·基辛格：《世界秩序》，胡利平、林华、曹爱菊译，中信出版社 2015 年版，第 2 页。

三是西方胜利主义（west triumphalism）思想作怪：西方的就是普世的。西方战胜了苏联，认为也可以战胜中国。其实苏联是自己内部垮掉的，并非西方战胜；中国并非与西方对立，更非苏联，而是已高度融入全球化体系。

三、超越人类中心主义

中国科幻大片《流浪地球》火爆2019年春节。在同名小说中，刘慈欣生动阐释了人类命运共同体的内涵：在从前太阳时代向逃逸时代转型的过程中，飞船派（飞船逃逸的个人主义自由派）和地球派（带着地球一起流浪的大地派）成为最重要的两个意识形态阵营。最终，地球派战胜了飞船派。在经过木星引力弹弓之后，飞船派发现太阳依旧在，随即对地球派进行清算。就在地球派被执行死刑的那一刻，太阳（被奉为神明的某帝国）油尽灯枯，死了。

像飞船派这种把人类利益放在最高位置，随时可以将地球弃之不顾的，就是人类中心主义，又译“人类中心论”（human centered doctrine），是以人类为事物中心的学说。同其他文化观念一样，人类中心主义的观念也具有历史发展的连续性和间断性，这一概念曾在三个意义上使用。

古希腊普罗塔哥拉的“人是万物的尺度”表达了最早的人类中心主义思想，它认为个别的人或人类是万物的尺度，即把人类作为观察事物的中心。文艺复兴时期以后的哲学家提出的大宇宙与小宇宙的学说把人看成小宇宙，认为人反映了整个宇宙，也是人类中心主义的表现。各种主观唯心主义认为人创造现实世界，人的精神或人的意志创造整个世界的观点，也反映了这种以人为宇宙中心的思想。后现代主义认为人类中心主义夸大了人改造世界的能力，颠倒了人与自然界的关系，必须反对，反对其主体性及把主体与客体即人与自然界对立的观点。

万变不离其宗，不管概念如何变化，人类中心主义是一种价值尺度，它将人类的利益作为价值原点和道德评价的依据，认为有且只有人类才是价值判断的主体。

“人类中心”一词，源于希腊文 αγυρωποσ——人，和拉丁文 centrum——中心。人类中心是一种同宗教和唯心主义有联系的反科学观念，认为人是宇宙的最终目的和宇宙的中心。西方学者在 20 世纪 70 年代以后就提出了重构人类中心主义，到 90 年代，人类中心主义的重构论（anthropocentric reformism）已成为美国环境哲学的三大组成部分之一（前两个组成部分是“激进的生态哲学”——与反文化运动有关的深生态学、生态女权主义和社会生态学等，以及“环境伦理学”）。人类中心主义的重构论主张环境问题的根源，既不是有关人类在自然界中的位置所持的人类中心主义态度，也不是体现那些态度的社会政治经济结构。相反，空气污染、水污染以及自然资源的极度浪费式利用等类似问题，根源于无知、贪婪和短视。要解决这类问题，通常涉及诸多的社会因素的重构。

从人类社会发展的历史向度来看，对人在世界中位置的设定有两种基本形态：一是将人摆置在自然之下，形成自然神圣的宇宙本体论；一是将人摆置在自然之上，形成了人文主义世界观。然而，无论是宇宙本体论，还是人文主义世界观，均属于人与自然关系的“主奴式”建构。当今生态哲学中的人类中心主义和非人类中心主义仍然没有走出这一窠臼。[①]

人类中心主义的极端化，使它逐渐走向了自然的对立面，导致自然对人类的报复。消除这种报复的途径，就是通过生态文明的道德教育，唤起人们对自然的“道德良知”与“生态良知”，使人们认识到：人与自然的关系是息息相通、相互作用、互利共生、和谐共存的有机统一，人有责任、有义务尊重自然界的其他物种存在的权利。享用自然并非人类的特权，而是一切物种共有的权利。人要在维护生态平衡的基础上合理开发自然，规范人类对自然的行为，把人的生产方式、消费方式限制在生态系统所能承受的范围内，倡导在热爱自然、尊重自然、保护生态平衡的基础上，积极能动地改造自然和利用自然。习近平主席强调，“人与自然是生命共同体”“坚持人与自然和谐共生”[②]。

于是，人类命运共同体催促我们从后天看明天—— 地球

---

① 曹孟勤：《人与自然和谐共生的价值意蕴》，《光明日报》2019 年 2 月 25 日。

② 习近平：《共同构建人与自然生命共同体——在“领导人气候峰会”上的讲话》（2021 年 4 月 22 日，北京），《人民日报》2021 年 4 月 23 日。

后天要流浪，明天岂能无动于衷？明天再不达到未来地球计划设定的目标，今天有何面目生活？这就超越了过去从昨天看明天的消极人类命运观，提醒人们不要等到气候变化导致地球无法生存的那一天才开始行动。

第八章

构建人类命运共同体的逻辑

中国共产党所做的一切，就是为中国人民谋幸福、为中华民族谋复兴、为人类谋和平与发展。我们要把自己的事情做好，这本身就是对构建人类命运共同体的贡献。我们也要通过推动中国发展给世界创造更多机遇，通过深化自身实践探索人类社会发展规律并同世界各国分享。我们不“输入”外国模式，也不“输出”中国模式，不会要求别国“复制”中国的做法。

——习近平

中共十九届四中全会通过的《中共中央关于坚持和完善中国特色社会主义制度、推进国家治理体系和治理能力现代化若干重大问题的决定》，将“坚持独立自主和对外开放相统一，积极参与全球治理，为构建人类命运共同体不断作出贡献的显著优势”列为我国国家制度和国家治理体系具有多方面的显著优势之一，并呼吁“高举构建人类命运共同体旗帜，秉持共商共建共享的全球治理观，倡导多边主义和国际关系民主化，推动全球经济治理机制变革”。这标志着中国的国际话语权从“中国特色”转到“国家治理”，进而上升到“人类命运共同体”高度。

构建人类命运共同体的逻辑，也就是前文提及的三部曲。首先是命运自主，各国走符合自身国情发展道路；其次是命运与共，互联互通；最后是命运共同体，塑造共同身份、共同使命、共同归宿的三位一体。

一、命运自主

在全球化时代，没有哪个国家能完全自主。在全球产业链、价值链、供应链中，国家的完全自主自足虽然已经不可能，但区别在于自主程度不一、内容有别：核心与非核心的自主。

法国有句谚语：“人的命运掌握在自己的手里。”人类命运共同体主张各国命运掌握在自己手里，发展权也应该掌握在人民手里，资本全球扩张造成了依附性的事实，发展中国家依附于发达国家，美其名曰相互依存，其实是极不对称的。发达国家不仅扼制了发展中国家自身的发展需求，还利用发展中国家对其的依附行使制裁手段。人类命运共同体理念是对经济全球化相互依存理念的超越，剥离发展中国家对发达国家的依附，走出命运自主的发展道路。

经历近代以来的现代化征程，尤其是新中国成立以来的工业化进程，中国提出“四个自信”，希望别的国家也有“四个自信”，成为自己。其中最关键的是要走符合自身国情发展道路。鞋子合不合适，自己的脚才知道。没有放之四海而皆准的发展模式。中国的成功，就是不输入也不输出发展模式，实现全球化的本土化、社会主义中国化。

费孝通先生的名言“各美其美，美人之美，美美与共，天下大同”极富传统智慧。可是，如果自己都觉得不美，又如何做到美美与共呢？换言之，如果命运没有掌握在自己手里，缺乏四个自信，又如何实现美美与共的理想？

世界是平的？经济全球化带来所谓相互依存现象——对称的或不对称，却忽视了国际体系、国际秩序是谁主导的这一根本问题。当今世界，多数国家其实都没有建立起独立（更不用说）完整的国防 - 工业体系，信息时代更是搭美国提供的公共产品之便车。伽利略系统的一度停摆，折射出这样一个基本事实：没有自己独立自主的国防 - 工业体系，外交安全战略上就不可能独立；没有军事研发所折射的政府力量、举国体制和产业政策，很难在关键核心技术和系统上实现弯道超车。连欧洲发达国家、美国盟友都遭遇此处境，遑论发展中国家？反观华为，正是认识到这些基本道理，才能有今天的全球 5G 领先地位。

习近平主席指出，“世界的命运必须由各国人民共同掌握。各国主权范围内的事情只能由本国政府和人民去管，世界上的事情只能由各国政府和人民共同商量来办。这是处理国际事务的民主原则，国际社会应该共同遵守”[1]。命运自主是构建人类命运共同体的基础，为此必须超越联盟体系、集体安全逻辑，克服经济全球化与政治碎片化、安全分散化的矛盾。

总之，命运共同体前提是命运自主，其次是超越国家利益分野，着眼于人类命运本身，通过利益共同体——利当计天下利，责任共同体——天下兴亡，匹夫有责，到命运共同体，不忘人类初心，牢记命运与共，打造共同体。

二、命运与共

新冠肺炎疫情全球肆虐，凸显各国人民命运与共。韩国总统文在寅与习近平主席通话时说韩中是近邻，中国的困难就是韩国的困难。日本援助物资上写着“山川异域，风月同天”。这些都是东亚“共生”思想的鲜明体现，有助于周边命运共同体的建设。

命运与共，是对传统全球化相互依存理念的超越，不仅强调平等互动，而且考虑顺境、逆境，有力回击了逆全球化论调。

2019 年 11 月 5 日，习近平主席在第二届中国国际进口博览会开幕式发表题为《开放合作　命运与共》的主旨演讲中强调，经济全球化是历史潮流。长江、尼罗河、亚马孙河、多瑙河昼夜不息、奔腾向前，尽管会出现一些回头浪，尽管会遇到

① 习近平：《论坚持推动构建人类命运共同体》，中央文献出版社 2018 年版，第 7 页。

很多险滩暗礁，但大江大河奔腾向前的势头是谁也阻挡不了的。世界经济发展面临的难题，没有哪一个国家能独自解决。各国应该坚持人类优先的理念，以更加开放的心态和举措，共同把全球市场的蛋糕做大、把全球共享的机制做实、把全球合作的方式做活，共同把经济全球化动力搞得越大越好、阻力搞得越小越好。

全球治理是构建人类命运共同体的重要抓手。中国倡导各国抓住契机，勇挑重担，积极推动构建更加平衡、反映大多数国家意愿和利益的全球治理体系。中国高举构建人类命运共同体旗帜，推动全球治理体系朝着更加公正合理的方向发展。中国秉持共商共建共享的全球治理观，弘扬多边主义，倡导国际关系民主化，坚持国家不分大小、强弱、贫富一律平等，支持联合国发挥积极作用，支持扩大发展中国家在国际事务中的代表性和发言权。中国发挥负责任大国作用，积极参与全球治理体系改革和建设，不断贡献中国智慧和力量。

建设新型国际关系是构建人类命运共同体的基本路径。“构建人类命运共同体是目标和方向，建设新型国际关系是前提和路径，实质是要走出一条国与国交往的新路，并为构建人类命运共同体开辟道路、创造条件。”[①] 中国推动构建相互尊重、公平正义、合作共赢的新型国际关系。主张尊重各国人民自主选择发展道路的权利，反对干涉别国内政，反对强权政治和霸

①《习近平外交思想学习纲要》，人民出版社、学习出版社 2021 年版，第 58 页。

权主义，维护国际公平正义。合作共赢是各方实现利益的唯一正确选择，世界长期发展不可能建立在一批国家越来越富裕而另一批国家却长期贫穷落后的基础之上。各国应该在追求本国利益时兼顾各国合理关切，在谋求本国发展时促进各国共同发展，在维护本国安全时尊重各国安全，共同享受尊严、共同享受发展成果、共同享受安全保障。

相互尊重是前提。各国都有平等参与国际事务的权利，各国主权和领土完整不容侵犯，各国内政不容干涉，各国人民自主选择的社会制度和发展道路应该受到尊重，各国核心利益和重大关切应该得到尊重。

公平正义是准则。公平正义是世界各国人民在国际关系领域追求的崇高目标。各国应共同推动国际关系民主化，让各国人民共同掌握世界的命运，使各方都遵守国际法和公认的国际关系基本原则，用统一适用的规则来明是非、促和平、谋发展，使全球治理体系变革适应国际力量对比新变化，体现各方关切和诉求，更好维护广大发展中国家的正当权益。

合作共赢是目标。合作共赢是普遍适用的原则，不仅适用于经济领域，而且适用于政治、安全、文化等其他领域，应该成为各国处理国际事务的基本政策取向。各国都应该把本国利益同共同利益结合起来，努力扩大各方共同利益的汇合点；各国都要积极树立双赢、多赢、共赢的新理念；各国都要坚持同舟共济、权责共担，携手应对气候变化、能源资源安全、网络安全、重大自然灾害等日益增多的全球性问题，共同呵护人类赖以生存的地球家园。[①]

还要夯实构建人类命运共同体的人文基础。文明因多样而交流，因交流而互鉴，因互鉴而发展，要树立平等、互鉴、对话、包容的文明观，从不同文明中寻求智慧，汲取营养，为人们提供精神支撑和心灵慰藉，解决人类共同面临的各种挑战。

坚持和而不同，维护文明多样性。习近平主席指出，一切文明成果都值得尊重，都应该得到承认和珍惜。各国各民族既要珍惜和维护本国本民族的文明特别是思想文化，又要承认和尊重别国别民族的思想文化；既要增强本国本民族思想文化自尊、自信、自立，又不能搞自我封闭，不能唯我独尊。特别是在全球化时代，不同的文明在注重保持和彰显各自特色以及标志性符号的同时，正在交流交融中形成越来越多的共同要素和标志；来自不同文明的各国各民族交往越多越深，越认识到别国别民族文明的悠久传承和独特灿烂。世界不存在可以传播甚至强加给其他文明的所谓“普世价值”，开放包容、多元互鉴、多样一体已成为21世纪人类文明大家园的主基调。

坚持平等互尊，加强文明对话交流。每一种文明都扎根于自己的生存土壤，凝聚着一个国家、一个民族的非凡智慧和精神追求，都有自己存在的价值。文明之间应秉持谦恭互尊的态

① 参见《习近平新时代中国特色社会主义思想基本问题》，人民出版社、中共中央党校出版社2020年版，第362—364页。

度，避免傲慢偏见和片面狭隘认知，反对相互隔膜、相互排斥、相互取代。

坚持包容互鉴，促进文明发展繁荣。交流互鉴是文明发展的本质要求，人类历史本来就是一幅不同文明相互交流、彼此借鉴、和合融通的宏伟画卷。文明交流互鉴应该是对等的、平等的，应该是多元的、多向的，只有通过平等的交流互鉴，才能求同存异，取长补短，才能引领人类文明的优秀文化基因与当代文化相适应、与现代社会相协调，才能引领优秀文化精神得以弘扬。也唯有如此，人类文明才能充满生命力，不断创造性转化和创新性发展，各国各民族才能找到实现共同发展之道，携手应对挑战之道，共同开创人类命运共同体的美好未来。[①]

人类迈入21世纪以来，商品、人才、信息在全球范围内高速流通，世界是通的，信息和交通的互联互通将在地球村中生活的人们的命运紧密相连。“相知无远近，万里尚为邻。”

人类命运共同体作为世俗文明的终极关怀，寻求人类价值最大公约数，超越人类中心主义，成就人类新文明，正以人类文明创新超越世界文明对话，开创文明对话新时代；“一带一路”作为构建人类命运共同体的国际合作平台，正以“五通”尤其民心相通见证文明交流互鉴到共塑人类文明的飞跃。

① 参见《习近平新时代中国特色社会主义思想基本问题》，人民出版社、中共中央党校出版社2020年版，第364—366页。

三、命运共同体

命运赋

〔北宋〕吕蒙正

天有不测风云，人有旦夕祸福。蜈蚣百足，行不及蛇；雄鸡两翼，飞不过鸦。马有千里之程，无骑不能自往；人有冲天之志，非运不能自通。

盖闻：人生在世，富贵不能淫，贫贱不能移。文章盖世，孔子厄于陈邦；武略超群，太公钓于渭水。颜渊命短，殊非凶恶之徒；盗跖年长，岂是善良之辈。尧帝明圣，却生不肖之儿；瞽叟愚顽，反生大孝之子。张良原是布衣，萧何称谓县吏。晏子身无五尺，封作齐国宰相；孔明卧居草庐，能作蜀汉军师。楚霸虽雄，败于乌江自刎；汉王虽弱，竟有万里江山。李广有射虎之威，到老无封；冯唐有乘龙之才，一生不遇。韩信未遇之时，无一日三餐，及至遇行，腰悬三尺玉印，一旦时衰，死于阴人之手。

有先贫而后富，有老壮而少衰。满腹文章，白发竟然不中；才疏学浅，少年及第登科。深院宫娥，运退反为妓妾；风流妓女，时来配作夫人。青春美女，却招愚蠢之夫；俊秀郎君，反配粗丑之妇。蛟龙未遇，潜水于鱼鳖之间；君子失时，拱手于小人之下。衣服虽破，常存仪礼之容；面带忧愁，每抱怀安之量。时遭不遇，只宜安贫守份；心若不欺，必然扬眉吐气。初贫君子，天然骨骼生成；乍富小人，不脱贫寒肌体。

天不得时，日月无光；地不得时，草木不生；水不得时，风浪不平；人不得时，利运不通。注福注禄，命里已安排定，富贵谁不欲？人若不依根基八字，岂能为卿为相？

吾昔寓居洛阳，朝求僧餐，暮宿破窖，思衣不可遮其体，思食不可济其饥，上人憎，下人厌，人道我贱，非我不弃也。今居朝堂，官至极品，位置三公，身虽鞠躬于一人之下，而列职于千万人之上，有挞百僚之杖，有斩鄙吝之剑，思衣而有罗锦千箱，思食而有珍馐百味，出则壮士执鞭，入则佳人捧觞，上人宠，下人拥。人道我贵，非我之能也，此乃时也、运也、命也。

嗟呼！人生在世，富贵不可尽用，贫贱不可自欺，听由天地循环，周而复始焉。

《命运赋》是古代中国人的消极命运观，受到佛教教义的深刻影响。其他宗教的命运观也较为消极，比如基督教认为“命”是上帝命定的，“运”则是上帝赐给人的自由意志，人们应该充分发挥上帝赋予人的恩赐、才能和把握机会，在上帝安排的时间与环境中，来完成上帝的旨意。

人类命运共同体理念超越了旧时代的消极命运观，弘扬了优秀传统文化的积极命运观，如荀子的“制天命而用之”，彰显世俗伦理与社会主义精神。

孔子曰：“己欲立而立人，己欲达而达人。”改革开放以来，按照现行贫困标准计算，中国7.7亿农村贫困人口摆脱贫困；

按照世界银行国际贫困标准，中国减贫人口占同期全球减贫人口70%以上。在全球贫困状况依然严峻、一些国家贫富分化加剧的背景下，中国打赢脱贫攻坚战，提前10年实现联合国《2030年可持续发展议程》减贫目标，显著缩小了世界贫困人口的版图，“为实现2030年可持续发展议程所描绘的更加美好和繁荣的世界作出了重要贡献”。中国愿同各国加强减贫交流合作，携手推进国际减贫进程，为构建没有贫困、共同发展的人类命运共同体作出更大贡献。①

“一带一路”是构建人类命运共同体的重要实践平台。蒙内铁路是“一带一路”对接非洲的标志性项目之一，激活了肯尼亚打造非洲“长三角”的富裕梦。

内罗毕终点站

谨以此纪念肯尼亚铁路一百二十年历史

肯尼亚与铁路之缘游走在昨日的幻想与今日认识到世界发展的理性之间。历史上，对我们国家存在贡献最大的，仍然是铁路。铁路对我们国家商业、政治、宗教和文化的影响，前所未有。

内罗毕终点站，是肯尼亚铁路发展上辉煌的明珠。它的美，

① 国务院新闻办公室：《人类减贫的中国实践》白皮书（2021年4月6日）。

蒙内铁路纪念碑

不仅在于它是一件宏大的艺术品，也不仅仅在于它为旅客提供的尊享服务，而在于它是一个对未来肯尼亚繁荣的承诺。

车站主体是一座高20米的建筑，外形恰似两台分别来自蒙巴萨和马拉巴方向的柴油机车相会于此。车站设有客运区域、调度中心、运营办公室以及附属设施。

在这里，一条伟大的现代标轨铁路将取代曾经行驶在这片大地上传奇般的窄轨机车，改变目的地之间颠簸的旅途。

肯尼亚共和国政府与中华人民共和国政府之间的承诺与合作，加上三万当地人民和三千中国人民组成的建设团队的同心协力，让标轨铁路项目提前十八个月交付完工。肯尼亚铁路局、监理咨询联合体和中国路桥的团队协作，很好地诠释了只要相信自己并且有锲而不舍的信念与决心，一切皆有可能的真理。

我们赞美这条铁路，它连通各国，造福于民。

向让梦想变成现实的人们，致敬！

本纪念碑于2017年5月31日由肯尼亚共和国总统与国防部队总司令Uhuru Kenyatta，C.G.H阁下揭幕，见证蒙内标轨铁路正式开通运营。

命运共同体的构建是人类的恒久梦想，尤其是反帝反霸反殖运动和争取民族独立运动期间。比如，塞拉利昂有一首歌是这样唱的：

MY WEST AFRICAN HOME

No more guns, no more killing,
No more crying and fear of living.
No more hunger, no more pain,
No more hiding in the rain.
Peace and democracy,
That is what we want to see.

Here in Salone

Si-erra Leone,

Where ever you roam,

In this, my West African home.

Temne, Mende, Limba, Krio,

Susu, Fula, and Mandingo.

Black and white, rich and poor,

Young and old, big and small.

Deaf and dumb, blind and lame,

Moslem, Christian, we're all the same.

Here in Salone

Si-erra Leone,

Where ever you roam,

In this, my West African home.

Throughout this land, where ever you go,

From north in Makeni, to south in Bo.

Head east to Kenema and Kailiahum,

Or go to Kono, or Pujehum.

On eve ry trip, along every mile

You'll find a wave and a friendly smile.

Here in Salone
Si-erra Leone,
Where ever you roam,
In this, my West African home.

不再有枪，不再有杀戮，
不再哭泣，不再害怕生活，
不再饥饿，不再痛苦，
不再躲在雨中。
和平与民主，
这就是我们想看到的。

这里是 Salone
塞拉利昂，
无论你在哪里流浪，
在这里，我的西非之家。

Temne，Mende，Limba，Krio，
Susu，Fula，和 Mandingo。
黑白，贫富，
老少皆宜，大大小小。
又聋又哑，又瞎又瘸，
穆斯林，基督徒，我们都一样。

这里是 Salone
塞拉利昂，
无论你在哪里流浪，
在这里，我的西非之家。

在这个岛上，你去哪里，
从 Makeni 的北部到 Bo 的南部。
往东去 Kenema 和 Kailiahum，
或者去 Kono，或者 Pujehum。
每一次旅行，每一英里
你会发现波浪和友好的微笑。

这里是 Salone
塞拉利昂，
无论你在哪里流浪，
在这里，我的西非之家。

一直被挤压在最边缘的非洲比世界上的任何地方都更渴望发展，也更有发展的空间，他们只是没有机会！我们能做的，就是给非洲发展机会！

如果从现在起，全球 GDP 依然保持当前增长率，即中国 6%、全球平均 3%，那么 40 年后，中国将占有全球 GDP 的 50%，届时中国不可能在占有全球一半财富的同时，让其他国家的人有钱购买中国生产的商品，这在逻辑上是自相矛盾的。要解决这个矛盾，要么帮助全球其他地区加快发展，要么将中国发展速度拉低到全球现有水平。两相比较，前者更有吸引力。

非洲是投资的热土，是希望之地，是推动构建人类命运共同体的示范样板。帮助非洲兄弟们富起来，通过放水养鱼、授之以养鱼的方式，让非洲搭上中国发展的快车，其实也让中国市场有了未来蓄水池，堪称双赢。

正如党的十九大报告所指出的："中国特色社会主义道路、理论、制度、文化不断发展，拓展了发展中国家走向现代化的途径，给世界上那些既希望加快发展又希望保持自身独立性的国家和民族提供了全新选择。"这说明，中国通过革命、建设和改革开放实践将命运牢牢掌握在自己手里，鼓舞了非洲国家命运自主，并实现中非命运与共，共同致力于构建人类命运共同体。

第九章

构建人类命运共同体的个案

大道至简，实干为要。构建人类命运共同体，关键在行动。

——习近平

推动构建人类命运共同体是新时代中国特色大国外交的总目标，也是中国特色大国外交最鲜明的特征。国际社会要从伙伴关系、安全格局、经济发展、文明交流、生态建设等方面作出努力。要秉持相互尊重、公平正义、合作共赢，推动构建新型国际关系，摒弃传统的以强凌弱的丛林法则，走出一条对话而不对抗、结伴而不结盟的国与国交往新路；要坚持以对话解决争端、以协商化解分歧，统筹应对传统和非传统安全威胁，反对一切形式的恐怖主义；要同舟共济，促进贸易和投资自由化便利化，推动经济全球化朝着更加开放、包容、普惠、平衡、共赢的方向发展；要尊重世界文明多样性，以文明交流超越文明隔阂、文明互鉴超越文明冲突、文明共存超越文明优越；要坚持环境友好，合作应对气候变化，保护好人类赖以生存的地球家园。

人类命运共同体理念的提出和推广，契合时代发展进步潮流，反映了各国人民的普遍愿望，正在赢得越来越广泛的理解和支持。构建人类命运共同体的实践正在不断取得进展。

习近平总书记在一系列重大国际场合多次深刻阐述构建人类命运共同体重要理念的丰富内涵，提出建设一个持久和平、普遍安全、共同繁荣，开放包容、清洁美丽的世界，推动构建人类命运共同体。

在全球治理层面，习近平总书记在出席第二届世界互联网大会、第四届核安全峰会、第七十三届世界卫生大会视频会议、领导人气候峰会、集体会见出席中国人民解放军海军成立七十周年多国海军活动的外方代表团团长等场合，分别提出构建网络空间命运共同体、打造核安全命运共同体、构建人类卫生健康共同体、构建人与自然生命共同体、构建海洋命运共同体等倡议。

在地区层面，习近平总书记在重大出访、主持重要的国家主场外交活动等场合，分别提出打造周边命运共同体、建设亚洲命运共同体、构建亚太命运共同体、携手建设更为紧密的中国东盟命运共同体、携手构建更加紧密的上海合作组织命运共同体、打造新时代更加紧密的中非命运共同体、打造中阿命运共同体、构建携手共进的中拉命运共同体等重大倡议。

在双边层面，习近平总书记同哈萨克斯坦、巴基斯坦、柬埔寨、老挝、越南、缅甸等一系列国家的领导人深入沟通，凝聚共识，倡导中国同各有关国家构建命运共同体。

一、人类卫生健康共同体

人类发展史也是同病毒的斗争史。新型冠状病毒肺炎是近百年来人类遭遇的影响范围最广的全球性大流行病，对全世界是一次严重危机和严峻考验。人类生命安全和健康面临重大威胁。全球疫情防控战，已经成为维护全球公共卫生安全之战、维护人类健康福祉之战、维护世界繁荣发展之战、维护国际道义良知之战，事关人类前途命运。人类唯有战而胜之，别无他路。国际社会要坚定信心，团结合作。团结就是力量，胜利一定属于全人类！[①]

然而，从现实来看，当前的全球公共卫生治理体系还存在多方面的问题。狭隘的利益视角束缚着国家间的合作，各国的公共卫生政策之间缺乏联系，而全球范围内公共卫生资源难以及时配给到需要的地区，公共卫生问题日益全球化，而公共卫生政策却依然地方化，两者之间的矛盾使得世界在面对全球性公共卫生问题时捉襟见肘。

另一方面，这种现实也客观上反映了当前世界各国在应对卫生健康问题上是一个相互联系、相互依存、命运与共、休戚相关的共同体。卫生健康问题威胁的不仅仅是一个国家的安全与稳定，更是整个人类文明的生死存亡。在应对公共卫生问题时，没有一个国家可以做到独善其身，即使一国已经单方面切

① 国务院新闻办公室：《抗击新冠肺炎疫情的中国行动》白皮书（2020 年 6 月）。

断了与当前受灾国的联系，还是会受到同样的威胁。公共卫生问题天然具有跨国性、流动性、传播性，在全球互联互通日益深入的今天，企图置身事外已经不再现实，世界日益需要以整体的眼光来看待这一问题。

习近平主席强调，人人享有健康是全人类共同愿景，也是共建人类命运共同体的重要组成部分①。公共卫生安全是人类面临的共同挑战，要共同推进疫情防控国际合作，支持联合国及世界卫生组织在完善全球公共卫生治理中发挥核心作用，打造人类卫生健康共同体。②健康丝绸之路是“一带一路”建设的重要部分，为推动各国间的卫生战略协调作出了贡献。构建人类命运共同体是中国向世界提出的重要倡议，是为实现世界的长久和平、推动共同发展、维护世界文明繁荣所提出的中国方案，抗击新冠肺炎疫情是构建人类命运共同体的生动个案。

（一）公共卫生问题的特点

新冠肺炎疫情全球大流行是百年一遇的全球公共卫生危机，在造成全球人道主义灾难的同时，进一步刺激了百年未有之大变局。传统上，国际上的公共卫生问题主要关注多边及双边的合作，因为在以往的条件下，公共卫生事件的传播速度和

---

①《习近平致信祝贺博鳌亚洲论坛全球健康论坛大会开幕》，http: // www.xinhuanet.com / politics / leaders / 2019-06 / 11 / c_1124607391.htm?agt=2932。

②《习近平就法国发生新冠肺炎疫情向法国总统马克龙致慰问电》http：// www.xinhuanet.com / 2020-03/21/c_1125748121.htm 。

范围都有限。即使是多次暴发的 1918 年大流感，也仅仅是在有限的范围内造成影响。然而，新冠肺炎疫情彰显出未来全球公共卫生事件的一个趋势，公共卫生问题第一次成为一种全局性的挑战——每一个国家、每一家公司、每一个人都置身其中。在新的时代背景下，公共卫生问题呈现出即时传播、强关联性、全球性、安全化的趋势。这种新的特点必然要求公共卫生治理机制发生根本性的变革。要认识到人类社会如何面对这一转变，必须从把握这些特点入手。

一是传播速度更快。当今时代技术、基础设施的发展，引发社会基本交往形态的变化，客观上提高了公共卫生事件的传播速度，使得公共卫生事件在更短时间内波及更多人口。过去点对点、可追踪的传播模式逐渐被即时传播、随机关联的新形态取代。一个明显的对比是，过去，天花病毒用了 3000 多年才传遍各大洲；今天，新冠病毒可能在短时间内就可抵达地球上的任何城市，并在短短几个月内传播到世界上绝大多数国家的绝大多数地区。

二是公共卫生问题之间的强关联性。公共卫生安全直接威胁到的，不再只是人的生命健康，而是几乎所有领域。而当前由于产业链、价值链、生产链的全球化布局，公共卫生事件日益成为深刻影响各个国家政治、经济、文化、教育等多方面的综合性事件。而不同国家、不同领域之间的公共卫生问题展现出更强的关联性。在全球化分工的背景下，一个产品的生产被肢解为诸多细小部分，分布在不同国家、不同区域以及不同的行业。这带来了两个层面的相互关联：一个是不同区域、不同国家之间的相互依赖；另一个是不同产业、不同生产链之间的相互依赖。在这种全球化分布式生产模式下，任何一个环节出现严重问题，都会产生牵一发而动全身的影响。

三是全球性。目前，公共卫生问题的另一大新特点是全球性。虽然一度面临着反全球化的民粹主义力量抵抗，但随着多年来全球化的深入发展，世界各国之间的经济贸易往来、人文交流已经日益深刻。世界越来越成为一个你中有我，我中有你的地球村。而国际人口流动、货物交流的频繁和无国界的趋势，也致使公共卫生问题开始在全球蔓延开来。

四是安全化趋势明显。如习近平主席所言，禽流感、埃博拉、寨卡等疫情不断给国际卫生安全敲响警钟[①]。现代社会的结构越发复杂精细，卫生健康问题对各方面事业的影响也越发深刻，造成的后果可能更加严重，同时对人类整体的安全产生威胁。公共卫生与公共安全的联系日益紧密，不仅仅关乎个人与群体的生死存亡，更成为总体安全的应有关切。事实反复证明，卫生安全关乎国运，从某种意义上说，卫生安全是每一个国家的“命门”[②]。

（二）构建人类卫生健康共同体的必要性

公共卫生治理体系宛如一面镜子，照出了当今世界发展基

① 《习近平谈治国理政》（第二卷），外文出版社 2017 年版，第 542 页。
② 徐彤武：《全球卫生安全：威胁、挑战与应对》，《中国国际战略评论》2019 年第 2 期，第 91 页。

本模式的缺陷，过去被忽视、被掩盖的问题暴露在世人面前。曾经依赖美国霸权而建立的全球治理体系困境凸显出来，而新自由主义的神话正式破产。在这一背景下，构建人类命运共同体成为国际社会更加迫切的需求。

第一，资本治理模式与人类危机之间的矛盾充分暴露。长期以来，西方大肆鼓吹自身资本主义创造的现代文明的神话。但实质上，资本主义文明遵从的是“资本的逻辑高于人的逻辑”。新冠肺炎疫情提示我们进入了以人为本的全球化阶段，但相关的治理体系还没有搭建出来。超过 80% 的人生活在发展中国家，他们在全球治理的话语体系中是“沉默的多数”。全球治理中，依然是资本说了算，而不是人类生命说了算。

第二，自由与秩序之间的关系难以得到协调。潘岳先生指出：“当今时代，最大的矛盾是‘自由优先’还是‘秩序优先’。”[①] 在公共卫生危机下，这两者之间的矛盾被再次深化。新冠肺炎疫情如此严峻，欧美国家却一直在公共场合是否佩戴口罩的问题上纠缠，政府也被个人自由主义所牵扯，无法有效防控疫情，并且在疫情未有效得到控制的情况下开始复工复产。《世界是平的》一书的作者托马斯·弗里德曼在《纽约时报》发表时评，称这次全球抗疫将是划时代的，以前有公元前和公元后，现在有抗疫前和抗疫后。“在今后的日子里，我们需要调整我们（重

① 潘岳：《战国与希腊：中西方文明根性之比较》，《文化纵横》2020 年第 3 期，第 14—31 页。

自由、轻秩序）的文化结构。”[①]

第三，狭隘国家利益视角影响对全球危机的应对。传统的民族国家立场仍然主导国际卫生健康治理体系，当前的全球卫生健康治理体系依然由以美国为首的西方发达国家主导，而受到卫生健康问题困扰较严重的国家却是那些发展中国家。两者之间对公共卫生治理的利益诉求并不一致[②]。尤其是在新冠疫苗上市后，一些国家只顾本国利益，造成国际上疫苗问题分配的不公正。根据相关机构统计，占世界人口 16% 的富裕国家拥有全球 60% 的疫苗。几个发达国家订购的疫苗数量是其人口的两到三倍，而贫困的发展中国家则无力或没有渠道获得西方疫苗。而中国秉持人类命运共同体理念，认为疫苗应当服务全世界、造福全人类。[③] 习近平主席强调，中国积极支持并参与新冠肺炎疫苗国际合作，已经加入“新冠肺炎疫苗实施计划”，愿同各国在开展疫苗研发、生产、分配等各环节加强合作。我们将履行承诺，向其他发展中国家提供帮助和支持，努力让疫苗成为各国人民用得上、用得起的公共产品。[④]

第四，霸权体系与去中心化传播链存在矛盾。区块链等

---

①Friedman, Thomas L. *Our new historical divide: B.C. and A.C._ the world before corona and the world after. The New York Times*, March 17, 2020.

② Waitzkin, H., Jasso-Aguilar, R., Landwehr, A., & Mountain, C.(2005). *Global trade public health, and health services: stakeholders' constructions of the key issues. Social science & medicine* (1982), 61(5), 893-906. https://doi.org/10.1016/j.socscimed.2005.01.010.

③《外交部：中方反对搞“疫苗民族主义”制造“免疫鸿沟”》，http://www.xinhuanet.com/world/2021-03/c_1127275062.htm。

④ 习近平：《勠力战疫　共创未来——在二十国集团领导人第十五次峰会上第一阶段会议上的讲话》（2020 年 11 月 21 日，北京），http://www.gov.cn/xinwen/2020-11/21/content_5563270.htm。

技术预示，全球化将朝着去中心化方向发展，而这也是新冠肺炎疫情反映出的全球挑战现实。去中心化的公共卫生问题模式给公共卫生治理带来了全新的挑战与要求。例如，新冠肺炎疫情的暴发节点存在不可预测性。

近代以来，国际体系是以西方为中心的，威斯特伐利亚体系以民族国家为基本单元，当前的国际社会的治理机制还是以二战后美国搭建的霸权体系为主，在当今时代背景下已经日益失灵。而主体多元导致利益多元，在机制比较单一的情况下，全球矛盾就会凸显出来。为此，各国要坚持主权原则但是要超越国家层面和同质性局限，包括超越欧洲共同体局限于欧洲地区的排他性、负外部性，走向最广泛、最平等、最包容的共同体——人类命运共同体。

（三）构建人类卫生健康共同体的路径

习近平主席在全球健康峰会上指出，提高应对重大突发公共卫生事件能力和水平，要做到坚持人民至上、生命至上；坚持科学施策，统筹系统应对；坚持同舟共济，倡导团结合作；坚持公平合理，弥合“免疫鸿沟”；坚持标本兼治，完善治理体系。[①]

面对新的时代特点以及既有的国际关系模式和治理体系暴露出的诸多问题，国际社会需要采取新的理念，对既有的国际

①《习近平在全球健康峰会上的讲话（全文）》，https://www.fmprc.gov.cn/web/zyxw/t1877663.shtml。

关系模式和全球治理路径进行深刻改革，直面时代挑战，维护人类共同利益。全面提升全球公共卫生治理的水平与一体化程度，为构建安全祥和健康的世界做出努力，推动人类卫生健康共同体的构建。具体而言，在人类命运共同体思想指导下，国际社会应当在如下方面进行通力合作。

第一，推动实现公共卫生领域分配正义。这需要同舟共济，而非画地为牢、以邻为壑。许多地区的卫生健康问题，诸如传染病、食品卫生问题等，都是由于发展水平落后导致的。在公共卫生问题面前，其他国家的发展对一国是机遇而非挑战。要促进更合理的国际分工，必须加强国际援助，实现公共卫生领域的分配正义。这是人类卫生健康共同体建设的重要内容。习近平主席 2017 年初在会见时任世界卫生组织总干事陈冯富珍时表示：中国愿同世界卫生组织在落实 2030 年可持续发展议程、援助发展中国家等方面加强协作，为建设人类命运共同体共同作出努力。

人类冀望疫苗打败病毒。然而，全球范围内疫苗分配不公问题却日渐显现。“疫苗民族主义”制约着国际社会共同抗疫的胜利。联合国秘书长古特雷斯表示，当前疫苗接种存在地区严重不均衡、不公平现象。秉持人类命运共同体理念，中国始终努力推进新冠疫苗在全球范围内的公平分配。一段时间以来，中国研制的新冠疫苗抵达全球最需要的地方。中国通过行动向世界宣示，只有团结合作、携手抗疫，让疫苗得到公平合理分配，努力实现疫苗在发展中国家中的可及性和可负担性，全球才能最终战胜疫情。

第二，塑造整体安全观。单纯从国家安全角度看待卫生健康问题，会导致封闭排外的狭隘政策，最终不仅不能保护好自身安全，也会危及整体安全。正如习近平主席在瑞士日内瓦联合国总部的演讲中指出的："世上没有绝对安全的世外桃源，一国的安全不能建立在别国的动荡之上，他国的威胁也可能成为本国的挑战……各方应该树立共同、综合、合作、可持续的安全观。"① 面对公共卫生这种非传统安全，零和博弈的思维并不适用，因为彼此的收益并非独立的，而是相互联系、交织的，一荣俱荣，一损俱损。只有以更开放的安全观去应对，才能真正处理好公共卫生问题。

抗击新冠肺炎疫情是人类命运共同体理念的最好教材。

第三，协调国内治理、区域治理与全球治理。疫情推动全球化走向"全球地方化"，全球治理也走向"全球地方治理"。为此我们要强调内外统筹、命运与共，协调国内治理和全球治理，解决国内和国际上的治理赤字，这是中国提出双循环新发展格局的必然要求。命运与共就强调了经济安全应该是统筹的。发展是解决问题的总钥匙，但是美国经常以"安全"来破坏发展，全球治理变革应破除一个悖论——"安全靠美国，发展靠中国"，实现安全与发展治理的统筹。此外，疫情还推动了全球供应链的回归或多样化，避免过长、过于集中某地，增

① 习近平：《论坚持推动构建人类命运共同体》，中央文献出版社 2018 年版，第 419 页。

加了“备胎”思想。这印证了在人类命运共同体思想指导下，“一带一路”建设思路的正确性：以点带面，从线到片，逐步形成区域合作大格局，形成网格状的全球地方化，加强地区、次区域、跨区域治理网络的互联互通。

正如《抗击新冠肺炎疫情的中国行动》白皮书所指出的，各国应该以此次疫情为鉴，反思教训，化危为机，以卓越的政治远见和高度负责的精神，坚持生命至上、全球一体、平等尊重、合作互助，建立健全全球公共卫生安全长效融资机制、威胁监测预警与联合响应机制、资源储备和资源配置体系等合作机制，建设惠及全人类、高效可持续的全球公共卫生体系。

第四，要引导全球治理回归对人的关切。以往的全球治理只关注如何治理，而不回答为谁治理。受制于国家主义的视野，不管是全球治理，还是国际关系学，都忽视了人在其中的意义。个人的生活方式和价值对全球整体性的抗疫产生直接影响。例如，美国盛行个人主义，欧洲人倾向于散漫、浪漫、傲慢，这使得他们很难做到团结应对疫情。而新冠肺炎疫情提醒我们，全球化归根到底是落实到以人为本的全球化，需要在全球治理中找回对人的关切，重塑人类共同价值，这对于推动全球治理发展具有重要意义。

从长远来看，新冠肺炎疫情引发的全球性危机标志着 40 年前随着“里根－撒切尔革命”诞生的新自由主义增长模式的终结。疫情强化了政府的力量，侵蚀了已动摇的全球化根基，使小政府和自由市场变得不合时宜。

全球性传染病给人类敲响了警钟，提醒我们人类社会具有脆弱性，也向我们展示了人类的命运密不可分，休戚与共。传统的零和博弈思维与狭隘国家利益观点已经不合时宜，我们需要的，是以整体意识的眼光，维护共同的利益，承担起共同的责任，共同构建人类卫生健康共同体。

卫生健康事业关乎人类长期发展乃至生死存亡，国际社会必须以高度的责任感、使命感应对好全球卫生健康问题。为实现人类文明的长期繁荣发展，需要树立人类命运共同体意识，从多个方面推动构建好人类卫生健康共同体。建设人类卫生健康共同体，不仅仅符合为世界和平与发展提出的中国方案，更是符合人类社会的发展阶段以及现实，是全球互联互通程度不断提高，公共卫生问题日益复杂化的必然要求。各国应携手合作，摒弃狭隘的立场，共同为推动构建人类卫生健康共同体而努力。

二、海洋命运共同体

坚持陆海统筹、人海和谐、合作共赢，协同推进海洋生态保护、海洋经济发展和海洋权益维护，加快建设海洋强国。……积极发展蓝色伙伴关系，深度参与国际海洋治理机制和相关规则制定与实施，推动建设公正合理的国际海洋秩序，推动构建海洋命运共同体。

——《中华人民共和国国民经济和社会发展第十四个五年规划和2035年远景目标纲要》

古代，欧洲流行罗马帝国皇帝恺撒（Gaius Julius Caesar）的名言：I come，I see，I conquer（意即“我来，我看见，我征服”）。近代，欧洲殖民者也奉行恺撒的名言，在世界大肆掠夺。西方自然观导致海洋成为殖民、扩张的工具。海洋生态系统被破坏后，修复周期是数百年，而非陆地的数十年。

如今，海洋发展面临不可承受之重，我们呼唤所有国家将海洋视为生命起源之地、连接大陆的天然纽带。

中国传统海洋观是天下观的延伸。在郑和第三次下西洋的时候，明成祖给了他一封敕书，让他带给西洋各国头目和番王。书中说道：“朕奉天命君主天下，一体上帝之心，施恩布德，凡覆载之内，日月所照，霜露所濡之处，其人民老少，皆欲使之遂其生业，不致失所。今遣郑和赍敕普谕朕意。尔等祗顺天道，恪守朕言，循理安分，勿得违越，不可欺寡，不可凌弱，庶几共享太平之福。若有摅诚来朝，咸锡皆赏。故兹敕谕，悉使闻之。永乐七年三月□日。”[①]

这与西方扩张型海洋观形成鲜明对照。同时，中国传统海洋观折射内陆型文明的局限，以陆观海，以海观洋，而不是以洋观洋、以天下观天下。

以海上丝绸之路为例。古代人类对海洋的认识仅停留在海平面，对海底世界基本上处于未知状态，而占据地球面积

---

① 胡丹辑考：《明代宦官史料长编》（上），凤凰出版社 2014 年版，第 96 页。

49% 的是国际海域。21 世纪的海洋观倡导人海合一，推动构建人类命运共同体，就是希望公海不再重复海洋圈地运动的悲剧。这正是“21 世纪海上丝绸之路”冠名“21 世纪”的深远意义。

生命起源于海洋，海洋将大陆相连，这从汉堡国际海事博物馆七楼的说明可见一斑：

1. 海面下别有洞天。地球表面四分之三是海洋。但我们对远方的太空和身边的海洋都知之甚少。海洋仍然神秘莫测。

2. 海洋之水从何而来尚无定论。海水可能是太空中彗星带来的天水，也可能是地球幼年时呼出的地水。

3. 海洋世界和陆地世界各有规律。海水比空气稠密近 1000 倍，海洋生物漂浮其中，就不需要脚踏实地。

4. 人类想征服地球，但恐怕终难征服同在地球却不是地的海洋。

5. 有风就有浪。海浪能奔驰万里，风大浪就高。

6. 海面结冰就有浮冰漂流，南北极冰川流入大海变为冰山。冰山的身体十分之九藏在水下。

7. 浮游藻类和人大不一样，却制造了大气中百分之八十的氧气。没有藻类就没有生命。

8. 藻类植物没有根、茎、叶，却已经在地球上生活了 9 亿年。从极地到热带，不管淡水还是咸水，从水面到 90 米深处都有藻类生活。

9. 海洋动物用信号交流。用声、光、化学物质、电等发出信号，用触觉和嗅觉接收。

10. 现在地球上已知150多万个物种，四分之一是海生。但有些科学家认为，只在海洋可能就有2000万种生物，不过大部分尚未发现。

11. 已知的鱼类约有28700种，还在不断发现新种，但同时也有很多种灭绝。世界上最大的生物是蓝鲸，可以长到33米长、140吨重（但它不是鱼）。

12. 海水温度上升1℃～2℃，就可能杀死一整片珊瑚礁的生物。

13. 珊瑚礁就像海里的热带雨林，是动植物种类最丰富的海洋生态系统。

为什么要讲海洋命运共同体呢？

古罗马哲人塞涅卡说过，我们是同一片大海的海浪。

从海洋的国际法地位角度来看，海洋本身是个互联互通的共同体。地球是个水球，地球表面的71%被水覆盖，其中96.54%的液态水存在于海洋中，大气与大洋之间、河流湖泊与大洋之间、大洋与大洋之间相互连通。海洋其中一部分的变化会给整个海洋系统和地球生态系统造成影响。

太空、极地、深海成为人类尚未充分认知的三大疆域。相比于太空、极地，海洋中95%的水域尚未被探索过，人类对海洋的认识远远不如火星。这给人类探索海洋提供了巨大空间。

从人类社会共同发展角度来看，近代以来，欧洲人开创的全球化本质上是海洋型全球化，产业链主要分布在沿海地区，内陆地区和内陆国家普遍落后。走出近代，实现陆海联通，实现海洋可持续发展，打造人海合一伙伴关系，成为 21 世纪海上丝绸之路和海洋命运共同体的重要使命。

1988 年在巴黎召开的“面向 21 世纪”第一届诺贝尔奖获得者国际大会上，75 位诺贝尔奖得主围绕着“21 世纪的挑战和希望”议题展开讨论，得出的重要结论之一是：人类要生存下去，就必须汲取 25 个世纪之前的儒家先贤之智慧。

可持续发展，从生态环境到人类文明，呼唤东方智慧。

理解海洋命运共同体，要克服传统中国以陆观海、以海观洋的内陆文明思维，确立以洋观洋、以天下观天下的“21 世纪海上丝绸之路”观。

理解海洋命运共同体，同时也要走出西方“陆权 – 海权对抗”论，杜绝人类中心主义带来的陆地灾难在海洋重演，避免进入深海时代、数字海洋时代继续强者更强、弱者更弱的悲剧。

从人类文明史看，“一带一路”建设正在开创“天人合一”“人海合一”的人类新文明。2014 年 6 月，国务院总理李克强在希腊雅典出席中希海洋合作论坛并发表了题为《努力建设和平合作和谐之海》的演讲，全面阐述了中国新型“海洋观”，得到了欧洲各方的积极响应。

——建设“和平”之海。中国倡导与其他国家一道，共同遵循包括《联合国海洋法公约》在内的国际准则，通过对话谈判，解决海上争端，谋取共同安全和共同发展。反对海上霸权，确保海上通道安全，共同应对海上传统安全威胁以及海盗、海上恐怖主义、特大海洋自然灾害和环境灾害等非传统安全威胁，寻求基于和平的多种途径和手段，维护周边和全球海洋和平稳定。

——建设“合作”之海。中国积极与沿海国家发展海洋合作伙伴关系，在更大范围、更广领域和更高层次上参与国际海洋合作，共同建设海上通道、发展海洋经济、利用海洋资源、开展海洋科学研究，实现与世界各国的互利共赢和共同发展。其中，共建“21 世纪海上丝绸之路”是中国建设“合作”之海的建设性举措。

——建设“和谐”之海。中国始终强调尊重海洋文明的差异性、多样性，在求同存异中谋发展，协力构建多种海洋文明兼容并蓄的和谐海洋，从而维护海洋健康，改善海洋生态环境，实现海洋资源持续利用、海洋经济科学发展，促进人与海洋和谐发展，走可持续发展之路。

习近平主席在集体会见出席中国人民解放军海军成立 70 周年多国海军活动外方代表团团长时指出，“我们人类居住的这个蓝色星球，不是被海洋分割成了各个孤岛，而是被海洋联结成了命运共同体，各国人民安危与共……中国提出共建 21 世纪海上丝绸之路倡议，就是希望促进海上互联互通和各领域务实合作，推动蓝色经济发展，推动海洋文化交融，共同增进海洋福祉……我们要像对待生命一样关爱海洋”[1]。

中国是世界上最大的贸易国家，奉行的是不结盟政策。中国希望与作为海上霸主的美国建设新型大国关系，这就要求中国提出21世纪海洋合作新理念，创新航运、物流、安全合作模式，通过特许经营权、共建共享港口等方式，推进海上与陆上丝路对接。

“21世纪海上丝绸之路”贵在“21世纪”：中国既不走西方列强走向海洋的扩张、冲突、殖民的老路，也不走与美国海洋霸权对抗的邪路，而是寻求有效规避传统全球化风险，开创人海合一、和谐共生、可持续发展的新型海洋文明。不仅如此，“21世纪海上丝绸之路”主张开放、包容，不去挑战现有海洋秩序，而是推动海洋秩序更加包容、公正、合理、可持续。

当然，海洋命运共同体建设也面临诸多挑战：

一是如何处理现存的海洋主权争端。解决海洋主权争端的依据是国际法，人类命运共同体可发挥什么作用？国际上一些国家以构建海洋命运共同体要求中国放弃南海岛屿主权和主权权益，将海洋命运共同体与主权对立起来，将理念与法律运用两个不同层面的问题混为一谈。

二是如何处理海洋命运共同体理念与美国海上霸权关系。就以南海为例，美西方以所谓的“南海航行自由”，攻击中国的岛礁计划威胁其海上军事霸权体系。中国与东盟谈判的

①《习近平谈治国理政》（第三卷），外文出版社2020年版，第463页。

COC（“南海行为准则”）如何约束美国？如何应对印太战略对“21 世纪海上丝绸之路”的抵制？

三是如何处理海洋国家与内陆国家关系以及海洋强国与弱国的关系。中日有东海海洋权益划分之争，涉及大陆架自然延伸与中间线的冲突。法国是世界第二大海洋大国，因为殖民遗产声称自己是太平洋国家、印太国家（有太平洋属地、留尼汪等海外领地、领土），派军舰来南海维护航行自由，如何应对？后发国家、海洋弱国的主权权益如何维护？

日本学者高坂正尧援引英国人观点宣称，民主国家才是海洋国家，将专制－自由的二元对立话语体系移植到海洋，暗含的逻辑是海洋命运共同体只是民主国家的，再次暴露出西方殖民体系塑造的国际法、国际话语体系无法企及人类命运共同体的包容性，也反衬人类命运共同体还原世界多样性的意义。这些挑战，既具有一般领域的普遍性，又有海洋的特殊性。①

三、网络空间命运共同体②

推进网络空间国际交流与合作，推动以联合国为主渠道、以联合国宪章为基本原则制定数字和网络空间国际规则。推动

① 高坂正尧：《海洋国家日本的构想》，日本中央公论新社 2008 年版，第 5 页、第 33 页等。

② 根据国际电信联盟（International Telecommunication Union，ITU）的定义，“网络空间”（Cyberspace）是指由计算机、计算机系统、网络及其软件支持、计算机数据、内容数据、流量数据这些所有或部分要素创建或组成的物理或非物理领域。

建立多边、民主、透明的全球互联网治理体系，建立更加公平合理的网络基础设施和资源治理机制。积极参与数据安全、数字货币、数字税等国际规则和数字技术标准制定。推动全球网络安全保障合作机制建设，构建保护数据要素、处置网络安全事件、打击网络犯罪的国际协调合作机制。向欠发达国家提供技术、设备、服务等数字援助，使各国共享数字时代红利。积极推进网络文化交流互鉴。

——《中华人民共和国国民经济和社会发展第十四个五年规划和2035年远景目标纲要》

互联网作为20世纪最伟大的发明之一，日益渗透到政治、经济、社会、文化、军事等各个领域，加速了劳动力、资本、技术、能源等要素的流动和共享，数据也成为重要要素和战略资源，推动社会生产力发生新的质的飞跃，深刻改变了人类的生产生活方式，引领和开启了人类历史的新纪元。传统的政治、经济、社会结构面临网络空间带来的全新冲击，网络空间的治理难度和面临的挑战与日俱增，全球网络空间发展不平衡、规则不健全、秩序不合理等问题日益凸显，各种风险层出不穷。世界范围内侵犯个人数据隐私与知识产权，推行网络恐怖主义，散布虚假信息，实施网络诈骗等网络违法犯罪行为成为全球的公害；保护主义、单边主义不断抬头，不同国家和地区间的数字鸿沟不断拉大。由于网络空间的跨国界、实时性、传递性、交互性、开放性、共享性等特点，其风险和威胁往往容易全网蔓延，任何国家或行为体都难以独善其身，也难以独立应对。互联网让世界越来越成为“你中有我、我中有你”的命运共同体。

当前，网络空间的治理规范仍相对滞后，现有国际治理机制难以适应快速变化的互联网发展和国际治理形势。如何推动全球互联网治理体系变革进程，建设一个和平、安全、开放、合作、有序的网络空间，实现网络空间安全和可持续发展，成为世界各国面临的重大战略课题。

中国秉持共商共建共享的全球治理观，积极参与网络空间治理，主张同国际社会一道，共同推动网络空间和平与发展，提出“携手构建网络空间命运共同体”的治理理念。

（一）网络空间命运共同体理念的形成

中国国家主席习近平于 2014 年 7 月在巴西国会发表演讲时指出，中国愿意同世界各国携手努力，尊重网络空间主权，维护网络安全，共同构建和平、安全、开放、合作的网络空间，建立多边、民主、透明的国际互联网治理体系。网络空间命运共同体理念初见雏形。

2014 年 11 月，习近平主席致首届世界互联网大会的贺词里指出：“互联网真正让世界变成了地球村，让国际社会越来越成为你中有我、我中有你的命运共同体。”2015 年 12 月 16 日，习近平主席在第二届世界互联网大会开幕式上发表演讲，首次提出推进全球互联网治理体系变革的四项原则和构建网络空间命运共同体的五点主张，呼吁国际社会加强沟通、扩大共识、深化合作，首次提出共同构建网络空间命运共同体。这在世界互联网发展史上具有里程碑意义，赢得了国际社会的高度赞誉和广泛赞同。同年 12 月 18 日，经由 ICANN（The Internet Corporation for Assigned Names and Numbers 的简称，互联网名称与数字地址分配机构）总裁、德国互联网之父、技术社群代表和各界知名国际人士组成的高级别专家咨询委员会（简称“高咨委”）提议和讨论，大会组委会发布了《乌镇倡议》，重申和呼应了构建网络空间命运共同体的理念，成为国际互联网发展和治理领域的重要成果。

在此后的历届世界互联网大会中，习近平主席在贺信中多次提出要构建网络空间命运共同体，希望同国际社会一道尊重网络主权，发扬伙伴精神，大家的事由大家商量着办，做到发展共同推进、安全共同维护、治理共同参与、成果共同分享，不断丰富完善网络空间命运共同体内涵。与此同时，高咨委先后审议通过并发布了《2016 年世界互联网发展乌镇报告》“乌镇展望”年度报告等成果性文件，积极推进构建网络空间命运共同体的理念成为国际共识，形成网络空间国际治理领域的“乌镇进程”，为丰富完善网络空间命运共同体理论研究奠定了坚实基础。

2019 年 10 月，世界互联网大会组委会发布《携手构建网络空间命运共同体》概念文件，明确提出“构建网络空间命运共同体”定义，深入阐释相关时代背景、基本原则、实践路径和治理架构。文件结合当前互联网发展的新技术新业态新问题和网络空间国际治理最新态势，细化阐释了中国治网理念主张，提出推进落实措施倡议，积极倡导加强政府、国际组织、互联网企业、技术社群、社会组织、公民个人等各主体的沟通与合作，充分发挥各主体的作用，坚持多边参与、多方参与，携手构建网络空间命运共同体。

（二）网络空间命运共同体理念的内涵

1. 构建网络空间命运共同体的含义。构建网络空间命运共同体，就是要把网络空间建设成造福全人类的发展共同体、安全共同体、责任共同体、利益共同体。倡议世界各国政府和人民顺应信息时代潮流，把握数字化、网络化、智能化发展契机，积极应对网络空间风险挑战，实现发展共同推进、安全共同维护、治理共同参与、成果共同分享。

2. 构建网络空间命运共同体的基本原则。第一，尊重网络主权。《联合国宪章》确立的主权平等原则同样适用于网络空间，应尊重各国自主选择发展道路、治理模式和平等参与网络空间国际治理的权利。第二，维护和平安全。坚持以和平方式解决网络空间争端，共同维护网络空间的和平与安全。第三，促进开放合作。秉持开放理念，强化资源优势互补，促进不同制度、不同民族和不同文化在网络空间包容性发展。第四，构建良好秩序。国家不分大小、强弱、贫富，都是国际社会平等成员，都有权平等参与网络空间国际规则制定。国际社会应共同管理和公平分配互联网基础资源，实现网络空间资源共享、责任共担、合作共治，建立公平正义的网络空间秩序。

3. 构建网络空间命运共同体的实践路径。第一，加快全球网络基础设施建设，促进互联互通。利用多边开发银行等机制，推动全球网络基础设施加快普及，提升全球网络基础设施建设与保护的意识和水平，促进网络知识产权保护。第二，打造网上文化交流共享平台，促进交流互鉴。充分发挥互联网的桥梁作用，促进科技与人文交汇，加强网络伦理和网络文明建设，推动文明交流互鉴。第三，推动数字经济创新发展，促进共同繁荣。推进数字化转型，提升数字经济包容性，打造开放互利的共同市场，消除数字鸿沟，共享互联网发展成果。第四，保障网络安全，促进有序发展。倡导开放合作安全理念，加强关键基础设施保护和数据安全国际合作，合作打击网络恐怖主义和网络犯罪，共同维护网络空间和平和安全。第五，构建全球网络空间治理体系，促进公平正义。坚持多边参与、多方参与，发挥联合国在网络空间国际治理中的主渠道作用，完善对话协调机制，促进治理体系更加公正合理。

4. 构建网络空间命运共同体的治理架构。政府是国家治理与国际合作的主要行为体，发挥关键主导作用。各国政府有权制定和实施符合本国国情的法律法规和政策措施，有权参与网络空间规则制定等公共产品供给，推动全球数字经济繁荣发展，管控和遏制网络安全风险扩散。国际组织既是网络空间国际规则制定的重要主体，也是各方开展互联网交流合作的重要平台。各国应支持并推动联合国等政府间国际组织的网络空间国际规则进程，非政府间国际组织宜加强同政府间国际组织的协调互动，实现优势互补。互联网企业不仅是数字经济建设的关键主体，也是网络空间治理的重要参与者。互联网企业承担创新发展和依法治理的责任，应遵守法律法规，探索最佳实践，促进交流合作。技术社群和社会组织等对网络空间技术发展和公共决策起着不可替代的作用，发挥各自优势，促进网络空间高效运转和创新发展。个人既是网络服务的用户，也是网络行为的主体，应自觉规范网络行为，提升网络安全防护意识与能力。上述主体充分发挥各自作用、加强彼此沟通和合作，形成立体协同的治理结构。

网络空间的持续发展是不可逆转的潮流，构建网络空间命运共同体关乎全人类的前途命运，是顺应信息时代发展潮流的必然选择，也是应对网络空间风险挑战的迫切需要。各国在网络空间既有共同关切，也有不同诉求，应当在尊重彼此核心利益的前提下，谋求共同福祉，应对共同挑战，让互联网更好造福世界各国人民。

（三）网络空间命运共同体面临的挑战

随着互联网与政治、经济、社会、民生、金融等领域关联性的不断增强，网络空间面临日益多样化、多元化、复杂化的问题和挑战。

1. 互联网发展不平衡的问题依然突出。联合国发布的《2020年数字经济报告》指出，世界上超过一半的国家尚未联入互联网或互联网接入水平较低。不同国家和地区在互联网普及、基础设施建设、技术创新创造、安全风险防范、数字技能掌握等方面的发展水平极不平衡，严重影响和限制世界各国特别是发展中国家和欠发达国家的信息化建设和数字化转型。

2. 数字发展政策和监管规则亟待完善。伴随全球数字经济的加快发展，贸易保护主义在世界范围内迅速抬头，许多国家的互联网科技企业遭遇非市场规则的限制，严重影响全球数字经济产业链的正常运行和供应链安全。与此同时，全球互联网巨头大搞行业垄断而其社会责任却严重缺失，导致消费者权益受损，并抑制了市场活力和创新发展能力。现有发展政策和监管规则的不健全不适应问题进一步凸显。

3. 网络文化健康发展面临新挑战。当前，网络空间信任基础面临被破坏的威胁，社交媒体特别是个人即时通信工具广泛使用，网络成为虚假信息集散地，恐怖主义和暴力极端主义内容网络传播难以阻断，深度伪造等技术被恶意利用，网络谣言、颓废文化及低俗、恶搞、荒诞甚至色情暴力等违法和不良信息，严重侵蚀青少年身心健康，冲击文化传播的正常秩序。

4. 网络安全形势日益严峻。随着网络空间成为人类发展新的价值要地，网络诈骗、网络盗窃、侵犯个人隐私等违法犯罪活动层出不穷；数据泄露、网络攻击、勒索病毒等全球性网络安全事件频发；网络黑客呈现出规模化、组织化、产业化和专业化等发展特点，攻击手段日益翻新，攻击次数日益频繁，攻击规模日益庞大。网络空间安全问题日益突出，对全球经济社会发展造成的影响越来越大。

5. 互联网治理体系变革亟待推动。受西方发达国家网络技术垄断和各类规则的限制，发展中国家在网络空间的话语权严重不足。特别是当前网络空间霸权主义、强权政治与新冠肺炎疫情产生叠加效应，进一步凸显了互联网治理体系落后、能力弱化、机制欠缺等突出问题，给互联网的未来发展带来很大的不确定性。面对复杂的国际环境，越来越多的国家认同、支持和维护网络主权，国家行为体和非国家行为体全面参与治理进程的诉求不断提高，国际社会对变革互联网治理体系的呼声也就越高。

构建网络空间命运共同体既面临上述网络空间本身的挑战，又面临以下几对矛盾：

首先是网络霸权与网络主权的矛盾。中俄等国支持联合国在建立互联网国际治理机制方面发挥重要作用，倡导尊重网络主权，建立多边、民主、透明的互联网治理体系，却遭到以美国为首的西方阵营的抵制，它们主张“多利益相关方”的治理模式、忽略政府的重要作用，实则是反对别国捍卫网络主权，借机维护其网络霸权，阻止互联网资源被平等分配，阻碍新兴国家参与制定互联网国际规则，带来全球性网络安全、网络犯罪事件频发，网络巨头和私人资本逃避网络监管等问题。

其次是网络自由与网络安全的矛盾。网络的本质在于互联，信息的价值在于互通。网络犯罪、网络恐怖事件时有发生，甚至攻击一国网络系统的行为也时有发生。如何实现网络自由与安全的辩证统一任重道远。网络自由与安全的矛盾也发生在西方内部，比如美国的互联网垄断与欧洲互联网监管的矛盾。欧盟担心，夹在美国与中国数字发展模式间，自己如何探索第三种模式？

最后是先发与后发的矛盾。发展中国家人口占世界人口总数的 80%，而互联网用户数只占全球用户数的 43%。联合国数据表明，现在全球有超过 1/3 的人尚未接入互联网，虽然发达国家已有 80% 的人接入互联网，但最不发达国家接入互联网的比例不到 20%，不少发展中国家甚至为缺电而困扰。中国提出数字“一带一路”倡议，大力推进互联网基础设施建设，消除信息壁垒，缩小“数字鸿沟”，让信息资源充分涌流，让更多发展中国家和人民通过互联网掌握信息、获取知识、创造财富。一些西方国家却污名化“一带一路”，阻碍后发国家分享数字红利。

更尖锐的是霸权体系的阻碍。美国以安全为理由迫使其盟友弃用华为设备，还推行“清洁网络计划”，试图打造全球技术供应链和网络空间的“去中国化”，国际社会担心“硅幕”取代“铁幕”，引发“新冷战”；“一个世界、两大体系”（一个是以美国为核心的政治、经济、意识形态、互联网体系，另一个是“一带一路”体系）、三大阵营（中、美两极及其他游离国家）是否正在形成？美国想继续实施对世界的网络控制，逼迫盟友在中美间站队的做法越来越不得人心，连欧盟近年来都开始强调战略自主，反对脱钩、新冷战。

中国倡导网络空间国际合作，切实推进网络空间命运共同体建设。一是坚定捍卫多边主义。中国支持联合国在网络空间全球治理中发挥主导作用，以建设性态度积极参与联合国信息安全开放式工作组和政府专家组进程，推动联合国开启打击网络犯罪全球公约讨论进程。中国积极参与联合国互联网治理论坛年会及论坛多利益攸关方咨询组工作，中国社群成立“中国互联网治理论坛”，为互联网国际治理贡献力量。二是积极开展双边及区域对话。中国与俄罗斯、欧盟举行双边网络事务对话，举行中国、日本、韩国三方网络事务对话。中国积极推动金砖国家新工业革命伙伴关系建设，推动金砖国家网络安全工作组持续取得进展。中国还深入参与上海合作组织、东盟地区论坛框架下网络安全进程，以及二十国集团、亚太经合组织数字和网络问题讨论。三是倡导共建“数字丝绸之路”，加强5G、大数据、人工智能、云计算等领域合作，推进数字基础设施、跨境电商、数字治理等领域的国际合作。四是提出《全球数据安全倡议》，提出全球数字治理应遵循的“秉持多边主义、兼顾安全发展、坚守公平正义”三原则。五是提出《携手构建网络空间命运共同体行动倡议》，围绕“四个共同”细化出20条倡议，强调采取更加积极、包容、协调、普惠的政策，加快全球信息基础设施建设，推动数字经济创新发展，提升公共服务水平；倡导开放合作的网络安全理念，坚持安全与发展并重，共同维护网络空间和平与安全；坚持多边参与、多方参与，加强对话协商，推动构建更加公正合理的全球互联网治理体系；坚持以人为本、科技向善，缩小数字鸿沟，实现共同繁荣。

“没有网络安全就没有国家安全，没有信息化就没有现代化。”各国、各行为体在增进互信、推进对话与协作的基础上，建立起一套与国家安全及经济社会利益相契合的国际治理体系，加强团结协作、维护网络空间公平正义、共享数字红利，携手构建网络空间命运共同体，成为维护全球网络空间安全稳定发展的必要途径。

四、中非命运共同体

中国是世界上最大的发展中国家，非洲是发展中国家最集中的大陆。中国与非洲是天然命运共同体。近代，中国与非洲均遭受过西方殖民者的入侵。当代，中国与非洲共同推动反帝反殖反霸的斗争，推动建立国际政治经济新秩序。

进入新时代，中国与非洲迎来构建更加紧密的中非命运共同体的时代机遇。

（一）为何要构建中非命运共同体？

非洲经历长期探索，绝大部分国家都还在寻找符合自身国情的发展道路。面对英国脱欧和“美国优先”的美国，非洲国家对西方模式相当失望，担心西方援助下滑，于是纷纷向东看，从发展靠援助到学习借鉴中国既实行改革开放又保持自主发展的经验，中非友好互利合作进入新阶段。

一是非洲正成为与中国开展基础设施和国际产能合作的示范。在埃塞俄比亚首都亚的斯亚贝巴，街边到处是中国建造集团的标语和吊车。非盟总部也是中国建造的杰作，总部附近，一家安徽企业的标语十分醒目。市内，轻轨、高架桥，市外，高速公路、收费站、路灯，到处都充满了中国气息。更不用说非洲第一条电气化铁路——亚吉铁路，它是中国企业首次在海外采用全套中国标准和中国装备建造的现代铁路。中非合作因而成为“一带一路”倡导的国际合作的示范。把中国资金、技术、市场、企业、人才和成功发展经验等相对发展优势同非洲丰富的自然资源、巨大的人口红利和市场潜力紧密结合起来，必将创造出新的发展奇迹。中国的现代化经验最为鲜活，与非洲合作的政治基础最好，中国梦正激励和塑造着非洲奇迹、非洲梦。“一带一路”国际合作是世界的“希望工程”，非洲是希望的大陆，与“一带一路”倡议进行目标、任务、经验、理念对接最为积极。埃塞俄比亚、坦桑尼亚、肯尼亚成为中非产能合作先行先试示范国家。在中非合作论坛约翰内斯堡峰会上宣布的中非“十大合作计划”中，高速公路网、高速铁路网、区域航空网、基础设施工业化的“三网一化”，正在推进非洲的横向互联互通和区域合作，改变非洲在全球化进程中被边缘化的命运，打造非洲版全球化：Made in Africa with China for the world（和中国合作实现非洲制造，为世界制造）。

二是非洲可成为世界的粮仓。非洲可耕地面积近 8 亿公顷，开发利用率只有 27%。中国可以运用自己的经验和技术，帮助非洲加速农业现代化进程，并完全有可能在帮助其解决温饱问题后，进而将其打造成“世界的粮仓”。当然，此举也会有利于中国的粮食安全。中国可以在“一带一路”框架下，通过农机、化肥等优质富余产能走进非洲，通过规模农业帮助非洲国家打破部落分割，形成规模效应，探索出非洲不通过当年中国农业、工业剪刀差的方式实现工业化的原始积累，逐步解决非洲的“三农问题”，不断改变二元经济和社会结构二元性——经济基础薄弱，而上层建筑西方化——帮助非洲实现农业现代化，有助于帮助非洲脱贫致富。非洲资源丰富，生物多样性在全球首屈一指，中国可以通过与非洲加强中医药合作，推动中医走向世界，服务于健康丝绸之路建设。

三是非洲是中外模式互学互鉴的重要试点。尽管中国并不输出发展模式，而是鼓励非洲国家走符合自身国情的发展道路，但非洲不少国家愿意学习借鉴中国发展经验，尤其是埃塞俄比亚等传统欧洲宗主国势力薄弱的国家。埃塞俄比亚是没有被西方殖民的少数非洲国家之一，具有反抗外来入侵者的光荣斗争历史（非盟总部因而设在埃塞俄比亚），十分羡慕中国走符合自身特色的发展道路。2010 年，埃革阵（埃塞俄比亚人民革命民主阵线的简称）在多党议会选举中获胜后，着手制订并实施首个 5 年“经济增长与转型计划”，着力加强水电站、铁路等基础设施建设，加快制造业发展，目标是到 2025 年成为中等收入国家。2015 年，首个 5 年“经济增长与转型计划”圆满收官。从 2016 年起实施第二个 5 年“经济增长与转型计划”。这是学习中国“五年规划”的典范。埃塞俄比亚东方工业园区内的华坚集团，给数千埃塞俄比亚人提供了就业机会，厂房标语“高度民主，理性决策，绝对集中，坚定执行”可以说是中国模式的写照。2017 年 6 月 21 日，中非减贫发展高端对话会暨中非智库论坛开幕式在亚的斯亚贝巴非盟会议中心举行，来自非洲各国的官员、记者和智库领袖边读习近平著作边反思：“真羡慕中国，党与人民同心同德。”“非洲陷入多党制困境，凡是发展得不错的，都是长期执政的政党带来政局稳定，政策长远，比如乌干达、埃塞俄比亚。”“非洲国家政党解放、独立时期表现不错，执政后就脱离群众了。”……这些反思既对照中国共产党的成功经验，又对照今日西方民主之窘境，集中于检讨非洲的多党制民主弊端，中国学者也从中更坚定“四个自信”，借鉴非洲经验完善自身发展模式，中非发展模式互学互鉴蔚然成风。结合自身五大发展理念，中国创造性提出共同发展、集约发展、绿色发展、安全发展、开放发展五大合作发展理念，成为中非合作发展的新共识。

当然，对中国而言，帮非洲就是帮自己。中非协同发展，是实现联合国 2030 年可持续发展目标的客观要求。作为发展中国家最集中的大陆，非洲有近 4 亿人民生活在贫困线以下，渴望分享中国脱贫经验。中非双方携手，是我们这一代人对子孙后代承担的责任，是中非人民为之奋斗的共同目标，也是人类社会进步发展的必然要求。同时，非洲问题事关中国国家安全和世界的和平与发展。非洲人口增长率很高，如果经济增长率达不到一定水平，大量年轻人失业，将成为世界性问题，给中国在非洲投资和海外利益造成冲击。非洲既是希望的大陆，也是充满挑战的大陆。当前中非合作发展势头良好，是我们着眼全局、加速推进“一带一路”的战略机遇期。

总之，建设人类命运共同体，具有时代的必要性：建设非洲疾控中心总部，同非方一道实施好中非合作论坛框架内“健康卫生行动”，加快中非友好医院建设和中非对口医院合作，共同打造中非卫生健康共同体。也具有现实可能性：政治上，保护发展中国家权益和话语权；经济上，让非洲命运自主；文化上，中非文明交流互鉴。

（二）中非命运共同体是什么？

习近平主席在 2018 年中非合作论坛北京峰会开幕式上的主旨讲话中指出，中非早已结成休戚与共的命运共同体。我们愿同非洲人民心往一处想、劲往一处使，共筑更加紧密的中非命运共同体，为推动构建人类命运共同体树立典范。

第一，携手打造责任共担的中非命运共同体。要扩大各层级政治对话和政策沟通，加强在涉及彼此核心利益和重大关切问题上的相互理解和支持，密切在重大国际和地区问题上的协作配合，维护中非和广大发展中国家共同利益。

第二，携手打造合作共赢的中非命运共同体。要抓住中非发展战略对接的机遇，用好共建“一带一路”带来的重大机遇，把“一带一路”建设同落实非洲联盟《2063 年议程》、联合国 2030 年可持续发展议程以及非洲各国发展战略相互对接，开拓新的合作空间，发掘新的合作潜力，在传统优势领域深耕厚植，在新经济领域加快培育亮点。

第三，携手打造幸福共享的中非命运共同体。要把增进民生福祉作为发展中非关系的出发点和落脚点。中非合作要给中非人民带来看得见、摸得着的成果和实惠。长期以来，中非一直互帮互助、同舟共济，中国将为非洲减贫发展、就业创收、安居乐业作出新的更大的努力。

第四，携手打造文化共兴的中非命运共同体。中非都为各自灿烂的文明而自豪，也愿为世界文明多样化作出更大贡献。我们要促进中非文明交流互鉴、交融共存，为彼此文明复兴、文化进步、文艺繁荣提供持久助力，为中非合作提供更深厚的精神滋养。要扩大各界人员交往，拉紧中非人民的情感纽带。

第五，携手打造安全共筑的中非命运共同体。历经磨难，方知和平可贵。中国主张共同、综合、合作、可持续的新安全观，坚定支持非洲国家和非洲联盟等地区组织以非洲方式解决非洲问题，支持非洲落实“消弭枪声的非洲”倡议。中国愿为促进非洲和平稳定发挥建设性作用，支持非洲国家提升自主维稳维和能力。

第六，携手打造和谐共生的中非命运共同体。地球是人类唯一的家园。中国愿同非洲一道，倡导绿色、低碳、循环、可持续的发展方式，共同保护青山绿水和万物生灵。中国愿同非洲加强在应对气候变化、应用清洁能源、防控荒漠化和水土流失、保护野生动植物等生态环保领域交流合作，让中国和非洲都成为人与自然和睦相处的美好家园。

中非政治共同体——两大力量、中非经济共同体——两大市场、中非文明共同体——两大文明，是打造中非命运共同体的三大支柱，可成为推动中非全面战略伙伴关系发展的强大动力。

（三）何时构建中非命运共同体？

1. 短期。构建中非命运共同体，短期内从非洲继续推进的脱贫致富任务开始，陆海联通、洲际联动是抓手，实现非洲与世界的发展大联动、成果大分享。

2. 中期。构建中非命运共同体，不仅是实现中非命运与共，也是实现非洲与世界命运与共的过程，中期目标是通过中非合作八大行动计划，帮助非洲实现联合国2030年可持续发展目标。

3. 长期。构建中非命运共同体是中国梦与非洲梦对接的过程，实现我国“两个一百年”奋斗目标与非洲2063年计划的对接，助力非洲实现工业化、现代化。

（四）如何构建中非命运共同体？

构建中非命运共同体应虚实结合、短长期结合，虚的包括治国理政经验分享、政党对话、脱贫经验分享等，甚至联合办培训班，共同提升中非在全球治理中的话语权，提升中国在非洲的影响力。实的包括“一带一路”的推进：互联互通、国际产能合作、战略对接、装备制造业合作等。2019年7月非洲大陆自由贸易区的成立和2020年底中国政府同非盟签署的共建“一带一路”合作规划，为构建中非更紧密的命运共同体插上了腾飞的翅膀。

可以尝试中欧、中日、中韩合作开发非洲第三方市场，尤其可借助澳门－葡语国家联盟、法语联盟桥梁，借助香港“超级联系人”角色，打造中葡、中法、中英开发非洲第三方市场样板，构建中非命运共同体建设的多边渠道。欧洲国家拥有高端技术，而中国制造能力及高端技术市场化能力非常强，两者结合才能赢得更大市场，规避两者的竞争。

众所周知，当今世界格局中，作为最大发展中国家的中国已经进入了工业化中期，拥有处在世界中端的工业生产线和装备制造水平。在这方面，法国等发达国家处于高端水平，而共建“一带一路”的大多数国家尚处在工业化的初期。中法合作开发非洲第三方市场，使全球产业链首尾相顾。将中国的中端装备与法国的先进技术和核心装备结合起来共同开发非洲（历史上，非洲大陆半数地区是法国的殖民地）的第三方市场，弥补了中国在语言、法律与运营等环境上不熟的短板，使三方优势都得以很好发挥：于中国而言，意味着存量资产得到盘活，产业链迈向中高端；于法国而言，意味着更多的出口与就业；于第三方市场而言，则意味着获得更高性价比的装备与工业生产线，满足自身工业化的需求。因此，中欧合作开发第三方市场使中国在全球分工体系中的桥梁角色凸显，以南北合作推动南南合作。

当然，三方合作要强调非洲主导、平等开放。最持久的合作往往是各取所需的合作，第三方市场合作就是这样一种合作，会产生 1+1+1>3 的效果：联合发展中国家与发达国家的国际产能和第三方合作，将会调动更大范围的力量，甚至有可能成为化解世界经济颓势的钥匙。

当然，中非命运共同体建设也面临二元性挑战。

非洲深受西方的影响，经济基础是南方的，意识形态和上层建筑却是北方的，往往存在宗主国崇拜现象。如果中国与“一带一路”沿线国家只是通过西方相互了解，“一带一路”建设将困难重重。现在许多非洲朋友对中国的理解还停留在“文革”时代，担心中国输出革命、输出意识形态。事实上，对中国抱有上述看法的非洲人绝大多数都没到过中国，更谈不上了解中国。可见，民心相通的关键是直接沟通，绝非借助西方的概念和价值想象对方。

一朝被蛇咬尚且十年怕井绳，更何况上百年的殖民历史记忆！一些非洲国家对“一带一路”倡议尚有疑虑其实也是历史记忆的现实投影，非洲被殖民者害惨了，怕再次被殖民。再加上外国媒体的渲染和对中国缺乏了解，一些非洲朋友将“一带一路”倡议和殖民主义进行类比也就不难理解了。这种受害者情结导致非洲国家拒绝中欧合作开发非洲第三方市场，生怕被两大巨头玩弄，甚至说这是新老殖民者联手殖民非洲。

非洲朋友的疑虑，是因为他们不知道中国的“一带一路”倡议完全不同于近代西方的殖民做法。首先，中国没有殖民别人的文化基因。当年拥有世界上最强大船队的郑和都未殖民非洲，今天更不会。其次，“一带一路”倡议遵循共商、共建、共享的原则，打造利益共同体、责任共同体、命运共同体。中国是最大的发展中国家，非洲是发展中国家最为集中的大陆，中非是天然的命运共同体和发展共同体，根本不存在殖民主义的问题。最后，在新中国成立以来建立的独立国防和工业体系基础上，经过40年的改革开放，中国实现了人类历史上最大规模的工业化，开创了没有殖民扩张、战争掠夺而实现工业化的奇迹，这种不同的工业化路径决定了中国不会在非洲推行殖民主义。

为打消疑虑，引发思考，我们可以问非洲朋友两个问题：一、非洲不缺资源，为何不能像中国实行改革开放那样引进西方资金与技术，补齐经济发展的各种要素，从而实现现代化？二、为什么欧洲一体化了，而宗主国之间的一体化却不能带来非洲的一体化？事实是，上述两个问题的关键，在于非洲国家没有实现互联互通。而如果用一个词来概括“一带一路”国际合作的话，恰恰也是“互联互通”。先说互联，西方殖民以来，非洲国家都是与欧洲宗主国联系，彼此间的相互联系很少，甚至两个接壤的非洲国家的首都都没有实现直航，而是要绕道法国巴黎。非洲内部贸易只占非洲各国对外贸易总额的不到15%。“一带一路”国际合作有助于纠偏殖民体系下非洲国家与宗主国之间分割的纵向联系，加强非洲内部的横向联系。再说互通，非洲被殖民以后，逐渐成为西方国家的资源和原材料的来源地。欧洲一体化并未带来宗主国在非洲殖民体系的一体化，非洲市场仍被西方殖民者分割。因此联系依然是单向的、分割的。“一带一路”国际合作从基础设施互联互通入手，以点带线，以线带片，让非洲市场联通起来，从而帮助非洲获得内生发展动力，实现工业化，真正脱贫致富。

除了内部的互联互通外，“一带一路”国际合作还会给非洲带来两大效应：陆海联通，洲际联动。

近代由欧洲人开创的全球化实际上是海洋型全球化，广大内陆国家难以分享这种全球化的红利。2013 年 9 月，习近平主席在世界上最大的内陆国——哈萨克斯坦提出共建丝绸之路经济带，意在扭转这种不平衡的全球化。蒙内铁路连接肯尼亚首都内罗毕和东非第一大港蒙巴萨港，通过陆海联通让肯尼亚内地和东非寻找到出海口，融入全球价值链，进而实现经济腾飞。亚吉铁路将埃塞俄比亚从陆锁国变成陆联国。

非洲不但没能深度参与西方主导的全球化进程，反而被边缘化了。欧洲由于资源匮乏，其技术创新以节约资源和原材料为导向；美国的自然资源相对丰富，其创新以节省劳动力为主要考量。而劳动力价格低、资源丰富又恰恰是非洲最主要的优势，因此非洲不断被边缘化。机器人和人工智能时代的来临将在未来十几年内取代非洲的比较优势，“一带一路”国际合作就成了非洲实现工业化必须抓住的最后机遇。此外，“有为政府 + 有效市场”双轮驱动的中国模式也有助于改变非洲国家被边缘化的处境。一些地处内陆的发展中国家，按市场经济规律是很难获国际金融机构贷款的。但是中国的国有银行可以提供开发性金融贷款，从改善基础设施开始，逐步培育市场经济所需的环境。在这一过程中，只有中国能为非洲国家提供“第一桶金”，改变它们被全球化边缘化的命运。

“一带一路”国际合作的成功也折射出时代矛盾——世界公共产品供给缺口日益扩大，但美国领导能力、意愿、诚信却全面下滑，这在亚投行问题上充分表现出来。亚洲基础设施建设每年有 1.4 万亿美元的缺口，中国倡导的亚投行才会取得如此成功。不仅如此，“一带一路”倡议旨在解决人类重大关切，实现联合国 2030 年可持续发展议程，这就使得它获得了最高合法性。在全球化逆转背景下，“一带一路”倡议就成为全球金融危机后最可行、最有影响力的国际合作倡议，引领了世界经济走出低迷、振兴国际和区域合作的大方向，也给全球投资者带来了希望。

总之，“一带一路”国际合作正在改变非洲命运：使非洲从被全球化边缘化到全球化的本土化，从政治上站起来到经济上站起来，真正去殖民化。正如中非共同发起的“支持非洲发展伙伴倡议”所预示的，中国的今天某种程度上就是非洲的明天，这正是中非命运共同体的内涵。

第十章

构建人类命运共同体的挑战

构建人类命运共同体是一个历史过程，不可能一蹴而就，也不可能一帆风顺，需要付出长期艰苦的努力。为了构建人类命运共同体，我们应该锲而不舍、驰而不息进行努力，不能因现实复杂而放弃梦想，也不能因理想遥远而放弃追求。

——习近平

人类命运共同体理念日益深入人心，新冠肺炎疫情暴发后更是得到国际社会的广泛认同。与此同时，对人类命运共同体的误解、质疑和抵制也在抬头。疫情展示的民族主义、大国博弈和全球治理混乱，以及疫情加剧逆全球化和政治极化、社会分裂，让很多人觉得构建人类命运共同体太过理想、太空洞，作为口号可以，实践起来困难重重。

如何进一步统筹推进构建人类命运共同体，要处理好以下十大关系：

（一）自信与自觉的关系

人类命运共同体理念的提出，是“四个自信”在世界观上的体现，也是中国立己达人品格的展示。我们有了“四个自信”，希望其他国家也有“四个自信”。欧盟将中国视为“制度性对手”，更是将中国列为制度敌手，这是缺乏“四个自信”的体现。自信是自觉的前提，自觉是自信的升华。“各美其美，美人之美，美美与共，天下大同”的前提是自己觉得自己美，成为自己，实现命运自主，才能成人之美，命运与共。

（二）消极与积极的关系

人类命运共同体不是一个消极的命运共同体，而是一个积极的命运共同体，不能无为而治，毕竟当今世界是地球村而非小国寡民，要在共同利益基础上塑造共同身份、共同使命，而且还要通过伟大斗争去争取。构建人类命运共同体是在防止最坏——流浪地球和追求最好——世界大同之间的选择。

（三）名与实的关系

在构建人类命运共同体过程中，要实现名与实的统一，凝聚和平、发展、公平、正义、民主、自由的全人类共同价值。“一带一路”国际合作是构建人类命运共同体的重要机制。因此，签署共建“一带一路”合作备忘录后，越来越多国家也与中国签署了共同构建人类命运共同体的合作文件。

（四）继承与超越的关系

人类命运共同体理念继承了中国传统天下大同思想又超越了文明差序格局，继承了各种宗教文明的共同体思想又超越了其同质性、排他性思维，继承了近代国际体系、国际法思想又超越了民族（主权）国家单元及其双边逻辑，乃最具包容性的多边主义价值依归，继承了中国独立自主的和平外交传统又结合新时代予以超越，基于国家又超越国家思维，基于目标导向又关注现实问题，超越外交、国际思维而探寻人类共同身份、价值、使命。

（五）破与立的关系

构建人类命运共同体破中有立，正如区块链和万物互联技术在破美国联盟体系的依附结构，新冠肺炎疫情也证明美国无法给盟友提供抗疫的安全保护，甚至还抢夺其抗疫物资，破坏抗疫全球合作。同时，构建人类命运共同体并非推翻重来，而是强调开放包容，尊重国家主权和各国核心关切，更多着眼于从新的领域“立”而非旧领域“破”：先从网络空间命运共同体、海洋命运共同体等着手。

（六）知与行的关系

中国秉承知行合一理念，始终是世界和平的建设者、全球发展的贡献者、国际秩序的维护者，推动“一带一路”国际合作，构建全球互联互通伙伴网络，既是人类命运共同体的倡导者，也是积极践行者。展望未来，要处理好中国国家利益与人类命运共同体的关系、中华民族共同体与人类命运共同体的关系，在危机中育新机，在变局中开新局。

（七）难与易的关系

构建人类命运共同体不可能一蹴而就，而是要循序渐进，从周边开始，从发展中国家最集中的非洲大陆取得早期收获，通过政党对话和民心相通手段，逐步扩展到发达国家。在国家层面，中国与越来越多的友好伙伴如老挝、柬埔寨、缅甸、巴基斯坦等构建起双边命运共同体；在地区范围，各方已就打造周边、亚太、中国－东盟、中非、中阿、中拉命运共同体达成共识；在全球领域，中方倡议构建网络空间、核安全、海洋、卫生健康等命运共同体，得到积极响应。

（八）硬与软的关系

当今世界，各国相互联系、相互依存日益紧密，人类越来越成为你中有我、我中有你的命运共同体。然而，近来西方炮制的中国锐实力悖论，反映出他们不甘心接纳中国倡议、中国方案的顽固性和保守性。有人据此担心，中国缺乏倡导并践行人类命运共同体理念的硬实力。历史经验表明，前瞻性、包容性理念不见得等到综合国力第一时才能引领国际合作未来。实践是检验真理的唯一标准。人类命运共同体理念正在实践中不断完善。正如“一带一路”倡议强调硬联通的同时也日益重视软联通，构建人类命运共同体也要从物质文明、制度文明和精神文明同时着手，平衡有序推进。

（九）目标与过程的关系

人类命运共同体不只是目标，也是过程。在知识经济时代，是一种“自组织”的创新组织模式，塑造“你中有我，我中有你”的跨界融合共同体。新冠肺炎疫情告诉我们，人类已经是休戚与共的命运共同体。与此同时，新冠肺炎疫情也揭示了全球供应链、产业链的不稳定不确定性，各国越来越关注 safety（管理型安全）而不只是 security（防御型安全），排他性的、区域性的安排兴起，全球化遭遇重大调整。我们需要什么样的全球化？全球化治理为谁治理？构建人类命运共同体不能搞路径依赖，更不能搞观念依赖，要创新手段和思维，创造条件去积极推进，实现目标与过程的统一。构建人类命运共同体必须推行包容性多边主义，两者是“一多不分”的关系。

（十）有我与无我的关系

习近平主席深刻阐述的构建人类命运共同体理念，既承载着中国对建设美好世界的不懈追求，也反映了各国人民对世界新秩序的美好期待，受到国际社会特别是广大发展中国家的普遍欢迎和广泛支持。一方面，构建人类命运共同体不是外交辞令，而是实现中国梦的内在要求，是中国特色社会主义的应有之义，鲜明体现了当代中国共产党人的全球视野。另一方面，构建人类命运共同体是马克思真正的世界历史、自由人联合体思想的当代实践，我们要秉承“我将无我，不负人类”的追求予以自觉构建。

以上十大关系中，尤其要重点处理好名与实、破与立、知与行的关系。

一、名与实

德国历史学家斯宾格勒在《西方的没落》一书中写道：

“民族彼此之间的了解也象人与人之间的了解一样是很少的。每一方面都只能按自己所创造的关于对方的图景去理解对方，具有深入观察的眼力的个人是很少的、少见的。”[①] 人类命运共同体起初翻译为 Community of Common Destiny，容易引发宗教上的误解，现在译成 Community of Shared Future for Humankind 就好了很多，但也只阐释了“运”的含义，缺乏“命”所带来的身份认同内涵。

在欧洲语言中，共同体一词来源于拉丁语“communis”的派生词“commūnitās”，前者意为“共同的”“普遍的”“公共的”“被众多人分享的”，后者意为“公共精神”“共同的”等。其中，“-itās”是一个表示状态的后缀，前缀“com-”是前缀“con-”根据语音的变体，在拉丁语中指的是“将多种客体汇聚到同一处”，更古老的形式为“kóm”，意为“随着”“伴随”“紧接”。而其词根为“mūnus”，指的是“承担”“责任”“职责”等，该词根来自古老的“mey-”，指的是“改变”“交换”。[②]

在当代英语中，《剑桥英语词典》中现代的“community”指的是“the people living in one particular area or people who are considered as a unit because of their common interests, social group, or nationality”（聚居在一个地区的群体，或因共同的

①〔德〕奥斯瓦尔德·斯宾格勒：《西方的没落》，齐世荣等译，商务印书馆 1963 年版，第 308 页。

②Wiktionary Contributors, “community”, Wiktionary.“community”[EB/OL]. https://en.wiktionary.org/w/index.php?title=community&oldid=61673109.

利益、群体、国籍而被视为一个整体的人群）。[1]从词源本身出发，我们可以看到，西方“共同体”在最初的意思更接近于滕尼斯所言的“gemeinschaft”，即依靠情感、熟人关系等联结出来的集体组织。在现代性的转变中，共同体概念已经发展成为意义更广阔，包括地理、利益、国籍、身份等多重内涵的组织性群体。这一概念与我们自身对共同体的理解也并不完全一致。因此，要将人类命运共同体理念在世界传播，需要把握好中西对“共同体”本身理解的差异。

为什么人类命运共同体理念一时难以被接受？人类命运共同体理念为何难传播？究其原因，有以下方面：

（一）整个世界几乎都曾被西方殖民

因为被西方殖民过，发展中国家普遍存在明显的二元性：经济基础落后而上层建筑是西方那套，存在宗主国崇拜现象，尽管对“一带一路”建设充满希望，对构建人类命运共同体亦难理解和认同！传播人类命运共同体采取全球层面的农村包围城市策略，也面临巨大挑战。

北京外国语大学田辰山教授曾论述“西方人理解中国文化的障碍在哪里”。他指出：近代以来发生西方误读中国，不少中国人也尾随西方，与自己文化渐行渐远，都因为是用西方现代概念话语框架讲述中国，这其实是对中国文化的“不对称”

①Cambridge English Dictionary. “community”, https://dictionary.cambridge.org/dictionary/english/community.

认知、解读和讲述。“不对称”话语是障碍，原因是在宇宙观、认知方法、思想方式、价值观和语言结构上，它与中国文化不同。它叙述的是“两个世界”“天人为二”，它是超然绝对主义与个体独立二元主义的叙事话语，也叫作“一多二元”话语。“一多二元”：“一”指“上帝”式唯一神或唯一真理，“多”是“一”派生出的“一切单子个体”，“二元”是一切个体之间“碰撞、冲突、对立”。然而中华传统思想文化不是“一多二元”，而是“一多不分”，也即“一个世界”“天人合一”，是以中和关系为本的宇宙认识、认识方法、思维方式、崇尚观和语言话语。“一”是万物相系不分、浑然而一，“多”是相互联系的多样状，“不分”是“多中有一”及“一中有多”。要是对中国与印欧西方特质的“一多不分”与“一多二元”没有了解，只是简单站在自己文化特质一边去解读对方，就会构成文化理解的障碍。这种例子举目皆是。这是中西文化互相对待之时必须具备的问题意识。

美国汉学家安乐哲教授也指出：“中国思想文化传统的特点，可以用一句话说，就是西方的自古希腊哲学传统的特点，不是她的特点。印欧传统讲服从，讲两个世界，人的世界服从神的世界，是天人为二；中国讲相系不分，讲一个世界，讲天人合一。”如果用“两个世界”“天人为二”的叙事话语讲述中国“一个世界”“天人合一”思想，话语就不对头，就是理解中国的障碍。

因此，尽管古罗马哲学家塞内加也有“我们是同海之浪，同树之叶，同园之花”的说法，但是这个“我们”甚至不包括古罗马的奴隶。我们只有上升到“人类”层面，才不会产生排他性认识。

（二）因为是中国提出的

如果不是中国提出的，人类命运共同体也不会引发如此多的关注；也正因为是中国提出的，许多对中国的误解也体现在对人类命运共同体理念的疑虑与误读。一些人反对中国提出的任何理念，包括人类命运共同体。尤其是人类命运共同体理念被写进《中国共产党章程》后，以美国为首的西方国家更是将其视为意识形态斗争的象征。这很遗憾，因为人类命运共同体理念本来是超越意识形态的。

美国著名考古学家罗伯特·L. 凯利在总结了 600 万年以来人类历史的发展后，观察到每一次人类技术进步带来的都是人类社会组织形式的变革。他大胆预测，由于互联网等技术的进步导致全球化的深入发展，人类即将迎来第五次组织形式的变革，人类将生活在一个共同体的未来。美国并不否认人类必将进入共同体时代，它抵触的是由中国提出的作为政治符号的“人类命运共同体”。

（三）路径依赖

美好的愿望不能掩盖严峻的现实。人类命运共同体明明是告别近代、走出西方的理念，却面临国内外旧思维的挑战。小国觉得，自己的安全都管不了，还管人类？大国觉得，人类的提法是否是在稀释我的权力？中等强国则担心，命运自主是要我脱离美国联盟体系，在中美博弈中被迫站队？学者质疑人类命运共同体的理论、机制是什么，如何包容差异性？

为什么人类命运共同体理念难以被接受？国际体系和国际思维的路径依赖现象非常明显。概括起来，对人类命运共同体至少有十大误解：

人类命运共同体是共产主义。

人类命运共同体是新天下主义。

人类命运共同体是抢全球化话语权。

人类命运共同体是中国称霸世界的口号。

人类命运共同体是中国输出模式的幌子。

人类命运共同体是“一带一路”的扩张掩护。

人类命运共同体是让各国命运铆在中国身上。

人类命运共同体是为终结自由国际秩序。

人类命运共同体是新的人类中心主义。

人类命运共同体是乌托邦。

世界上谈论“一带一路”倡议鲜有将其与构建人类命运共同体挂钩。为什么人类命运共同体理念不如“一带一路”倡议那么容易被世人所接受？比如，欧洲人即便接受“一带一路”倡议，也不接受人类命运共同体理念，甚至将中国视为“制度性对手”（systemic rival），为什么？特朗普时期的美国还发布《美国对中华人民共和国的战略方针》，公然推行将中国共产党与中国人民分开战略。背后的逻辑是：

美国：唯独你是未被皈依的异类体制，还要推广中国模式！

欧盟：唯独你是未被殖民的古老文明，还要伟大复兴！

西方民主是建立在同质性基础之上的，解决问题的途径为“皈依”，而中国讲求“有教无类”“天下无外”，不分种族制度意识形态，追求人类命运共同体。

穷则变——西方知识建立在同质性基础上，面对百年未有之大变局陷入窘境，因为当今世界的差异性日益显著，且无法被西方普世价值收编。要世人认可人类命运共同体理念，就要建构人类新的知识体系，难度可想而知！从互联互通到和合共生，最终实现大同，任重道远。

人类命运共同体构建既面临重构历史的挑战，又面临规划未来的艰辛，传播面临三大挑战：

其一，汉语是联合国六种工作语言中唯一使用非字母文字的，也是世界上最难懂的语言之一。在信息化时代，由于中国有自己的通信模式（微信、百度），与世界沟通存在用内外两套话语体系、各说各话的现象。且汉语动词较多，易给人命令式错觉，不懂汉语的人可能会从说话者的语气中感受到不够尊重；懂汉语的则往往只学到中华文化的皮毛，难以触及中华文化的真正底蕴。汉语往往只可意会不可言传，人类命运共同体内涵丰富，却很难准确翻译，使得国际层面对其的理解有如盲人摸象。[①]

其二，中华文明作为一个世俗文明要包容所有的宗教文明。因为世人几乎都信神，中国也有很多人信神，但大部分中国人是无神论者或多神论者，共产党人是不信神的。所以中国现在面临着要以世俗的文明在一个宗教的世界中实现伟大复兴的问题。

神学家奥古斯丁在《上帝之城》中认为："上帝所选择的得救的人构成了上帝之城，而为上帝摒弃的人则组成了世俗之城的社会……自私自利的'爱'已发展到了连上帝都不敬的地步，各种为了自私自利目的的冲突，甚至诉诸暴力的行为，使这个世俗之城成了罪恶的渊薮。"[②]宗教话语在推广的过程中，带有对世俗的强烈批判，这样的文化基因流传至今。新冠肺炎疫情暴发后，西方世界由于宗教思维去世俗化的影响，认为人因有原罪而败坏，因此无法自救，人的生命应该交由上帝掌管。西方宗教话语下的世界不能理解世俗文明重视拯救生命的努力，指责中国为了操控民众才借口疫情对民

---

① 今天的人工智能技术，让语言互通成为现实。比如，科大讯飞的机器翻译技术已经可以帮助人们进行 83 种语言的即时翻译（包括中文与 60 种语言互译，英语与 5 种中文方言互译，普通话与粤语、藏语及维吾尔语互译，15 种各类外语口音），打造的"全球中文学习平台"App 已经在全球 172 个国家和地区上线应用市场，帮助超过 268 万人学中文，以学习者为中心，构建"人人皆学、处处能学、时时可学"的语言学习场景，打造了人类更加自由和互动的交流平台，这为跨越人类语言的"巴别塔"作出杰出的贡献；与此同时，盲目迷信、依赖人工智能也会导致技术依赖，偏重从政策层面而非文明高度理解中国，理解人类命运共同体。"高处不胜寒。"机器是无法理解人类命运共同体的思想精髓的，依赖机器语言也可能导致盲从大数据，以讹传讹。

② 张绥：《中世纪"上帝"的文化——中世纪基督教会史》，浙江人民出版社 1987 年版，第 29 页。

众的自由加以限制。相较于世俗话语，宗教话语不落地现实，不注重解决现实问题，偏爱谈论理想的模式，批判不符合它们理想的现实。

怎么办？写出《世俗伦理与社会主义精神》，才能消除西方人思想认识疙瘩。[①] 世俗伦理是超越宗教伦理的，不是不信神，而是不信单一的神，尊重信神自由，也尊重不信神自由，这样才能实事求是。世俗伦理是大世俗，如果翻译成英文的 secular，确实会造成误解。中国长期重视人间，在一个没有上帝的国度，能够把人间治理得那么好。所以沃尔夫、伏尔泰等都把中国作为一个理想国来向西方推荐。中国不是西方想象的社会主义，不再坚持革命斗争的学说——无产阶级推翻资产阶级成为资产阶级掘墓人。只有把社会主义和优秀传统文化相结合的一种世俗伦理，才能够超越单一神的狭隘偏执和二元对立的思想，最大限度地包容、实现社会的公平正义，而不是西方所排斥的社会主义。中国在诠释和丰富社会主义，从运动、制度到文明，社会主义因为中国化而获得新生。[②] 武汉大学哲学系吴根友教授故此建议，中国的世俗伦理或许可以叫人间世俗主义——天上是神、仙的世界，人间不否定神，可以有多神，但主要是人的世界；而且可以天人合一。人间烟火，常识理性，都可以包容在人间主义里。

①Wang Yiwei. *Secular ethics and socialist spirit*: *Reflections on the Protestant Ethic and the Spirit of Capitalism*, *Max Weber Studies*（*Centenary Tribute*）, Vol 20.2, July 2020, pp. 276-278.

② 王义桅：《再造中国：领导型国家的文明担当》，上海人民出版社 2017 年版，第 247 页。

其三，美国霸权体系的打压。第二次世界大战以来，从英国开始，到欧洲各国，再加上亚洲的韩国和日本，几乎所有的工业化国家都被美国收编，变成了美国的盟友。现在来了一个已经实现人类最大规模工业化且最独立，还不是西方式民主的中国，怎么办？害怕失去世界领导地位，无法重建国家身份，就是美国打压中国的原因。美国绝大多数盟友也并不认可命运能掌握在自己手里，担心这是中国的离间计，而中国又奉行不结盟政策，它们怕将来命运没着落。

怎样从国际社会到人类社会，从合作共赢到命运与共，从国际关系到命运共同体——超越西方主导下的同质性、普世性，实现经济全球化、政治多极化、文化多样化、社会信息化的四位一体，是人类命运共同体从理念到理论、从精英到大众、从农村包围城市到夺取核心地带话语权面临的重重挑战。

二、破与立

当今世界正面临百年未有之大变局。然而，我们许多人的思维方式还没有变。无政府状态－秩序，就像黑－白思维，困扰了世人的思维。其实真实的世界是灰色的：既不是无政府状态，也未形成新秩序。

由于区块链、人工智能技术的发展，正在形成“去中心化”（de-centric）现象：既去美国中心，也去西方中心，甚至去人类中心。

当今世界变化太快、太深刻，很难从传统国家层面和国际政治思维来理解。百年未有之大变局的判断，含义十分丰富、思维极其深刻，尤其值得关注的是全球化的主要驱动力——技术的创新出现新局面：一方面，类似区块链技术、万物互联模式、人工智能涌现，正削弱中心－边缘体系；另一方面，在工业革命转向信息革命、数字革命过程中，第一次出现非西方力量参与并引领的现象——过去技术革命都是在西方内部循环，最后它们皆被美国收编为盟友。如今中国打破了这一循环，不仅成为工业革命与全球化赢家（建立独立完整的工业体系，创造四分之一人类工业产值），且参与引领信息、数字革命，于是出现美国举全球霸权之力打压中国一家民营公司——华为的现象，因为华为引领 5G 时代的来临。美西方对中国将社会主义政治体制和世俗文明结合实现经济领域的弯道超车之后，又开始大力发展前沿技术的现状，深感恐惧与焦虑。美国借此对华为发起了技术新冷战，制造国际统一战线，寻找打压中国的合法性。美国有智库鼓噪筑起数字领域的柏林墙，对华部分脱钩。

对于中国来讲，就面临着三种选择：

第一种选择，当然就是我们一直强调的，改革完善现有的国际体系，就好比旧屋子漏了，好好修一修。但是现在看起来也很难，不仅老屋本身很难容纳发展中国家，尤其像中国这样的新兴国家崛起——就像大象进了浴缸一样，而且美国自己现在另起炉灶，不要这个旧房子了。

第二种选择，就是所谓的造一个新房子，被迫的也好，主动的也罢，反正形成两套体系的新冷战。这个事实上是不可能的，因为全球化是不可逆转的，我们不可能回到两极对抗的时代，因为苏联不是全球化体系的，所以说今天把中国变成苏联，本身逻辑上就不成立。

第三种选择，就是在这个旧房子之外搭建更大的房子，实现大包容。正如天安门城楼上写的“世界人民大团结万岁”，就是我们讲的通过“一带一路”建设构建全球互联互通伙伴关系网络，构建人类命运共同体的主要思想。截至 2021 年 6 月底，140 个国家、32 个国际组织与中国签署了 206 份共建“一带一路”合作文件。作为最大的发展中国家、第二大经济体，中国把发达国家、发展中国家、新兴经济体各方面互联互通起来，从全球产业链上形成了双环流——与发达国家和发展中国家的产业链、价值链环流，构建人类命运共同体。构建人类命运共同体是对全球一体化的扬弃，既不是欧盟的主权让渡，也不是美式全球化的相互依存，而是各国将命运掌握在自己的手里，形成命运与共、互联互通的命运共同体。

为什么这样想呢？首先是全球化的中国力量（Globalized Chinese power）在崛起，相应地，全球化的思维（Globalized mentality）也在崛起。中国是一个文明型国家，所以中华民族的伟大复兴从来都是文明的复兴。当年的英国历史学家汤因比预测到中华文明能够给世界提供西方无法提供的方案和智慧。习近平主席也指出，“从历史的长镜头来看，中国发展是属于全人类进步的伟大事业”。[①]

中国传统和合文化结合万物互联时代，代表性理念就是人类命运共同体（和）和“一带一路”（合）。

三、知与行

孟子曰：“人之所不学而能者，其良能也；所不虑而知者，其良知也。孩提之童，无不知爱其亲者；及其长也，无不知敬其兄也。亲亲，仁也；敬长，义也。无他，达之天下也。”（《孟子·尽心上》）

构建人类命运共同体，如何知？古代强调有教无类、因材施教，近代强调格物致知，今天强调文明对话与交流。

化旧知：对人类命运共同体的不解、误解、曲解，除了质疑中国的能力与意图外，多囿于旧观念，比如认为中国借人类命运共同体口号试图推行天下体系或共产主义，挑战美国领导的自由国际秩序；不相信中国作为世俗社会能够包容不同神；质疑有了联合国，还有无必要提人类命运共同体；认为同质性文化才能有共同体（如欧盟），怀疑不同宗教文化、社会制度的国家能否建立命运共同体……种种问题都是因为

① 习近平：《开放合作，命运与共——在第二届中国国际进口博览会开幕式上的主旨演讲》（2019年11月5日，上海），www.xinhuanet.com/world/2019-11/05/c_1210341047.htm。

旧思维难以理解新观念。

求新知：在知识经济时代，人类以“自组织”模式塑造“你中有我，我中有你”的跨界融合共同体；迈入万物互联时代后，人类要摆脱思维方式的路径依赖，解放思想，回归本源。马克思指出：“无论哪一个社会形态，在它所能容纳的全部生产力发挥出来以前，是决不会灭亡的；而新的更高的生产关系，在它的物质存在条件在旧社会的胎胞里成熟以前，是决不会出现的。”[①] 习近平总书记在庆祝中国共产党成立100周年大会上的讲话中指出，“坚持把马克思主义基本原理同中国具体实际相结合、同中华优秀传统文化相结合”，而中华优秀传统文化是和合共生文化，就是把革命学说转化为人类命运共同体理念。不是无产阶级推翻资产阶级，而是强调无产阶级和资产阶级命运与共。香港实行“一国两制”就是资本主义和社会主义命运与共的政治实践。这不仅不是修正主义，还是回归马克思主义正统思想。当今世界，全球瘟疫大流行、气候变化等挑战层出不穷，形势日益严峻，原有机制和思维无法应对，一些国家故此开历史倒车，导致民族主义、民粹主义盛行，助长反全球化、反体制、反智运动，昭示构建人类命运共同体的紧迫性与重要性。新问题、新领域更要抛弃冷战思维，倡导新型国际关系，构建人类命运共同体。

致良知：许多发展中国家质疑，中国现在富强起来了，

① 《马克思恩格斯选集》（第二卷），人民出版社1995年版，第33页。

我们还是命运共同体吗？其实，中国坚持发展中国家定位，是不忘初心，与发展中国家始终是天然命运共同体，不过有不同层次：人类命运共同体 1.0——同仇敌忾 + 同病相怜，共同反帝反殖反霸，实现命运自主；2.0——同呼吸共命运，共同支持走符合自身国情发展道路；3.0——共同使命，解决人类问题的共同智慧与共同方案。人类命运共同体不只是从昨天看明天，还是从后天看明天。未来已至，只是分布不均，感知有异。万物互联，大数据、人工智能、区块链技术深刻改变人类的生产方式、生活方式、思维方式。技术创新一方面在削弱“中心 - 边缘”体系，另一方面催生国际思潮大变革。强调人类命运共同体，不只是热议人工智能带来的伦理问题，还要关注世界上有约 10 亿没有用上电的人，关注数字鸿沟、信息壁垒，改变周而复始的强者更强、弱者更弱的现象。世卫组织总干事谭德塞表示，在获取新冠肺炎疫苗方面，由于贫穷国家大大落后于发达国家，人类正经历关于疫苗的灾难性道德崩塌。[①] 有鉴于此，中国率先宣布将疫苗作为全球公共产品，优先给发展中国家人民提供，呼吁构建人类卫生健康共同体，这就是疫情下的致良知。

构建人类命运共同体，如何行？“我们要本着对人类前途命运高度负责的态度，做全人类共同价值的倡导者，以宽

① 谭德塞：《世界正处于灾难性道德失败的边缘》，*WHO Director-General' s opening remarks at 148th session of the Executive Board*，2021-01-18，https：//www.who.int/director.general/speeches/detail/who_director_general_s_opening_remarks_at_148th_session_of_the_executive_board。

广胸怀理解不同文明对价值内涵的认识，尊重不同国家人民对价值实现路径的探索，把全人类共同价值具体地、现实地体现到实现本国人民利益的实践中去。”[①]

构建人类命运共同体，不是一个自然而然的过程，而需要自觉的努力和行动。正如生态体系不断遭破坏，最终会达到平衡，但代价巨大。所以，我们要主动减排应对全球气候变化，建设清洁美丽的世界。对人工智能等新技术，更需要未雨绸缪，形成国际社会人工智能法则和新的人权共识。

提出构建人类命运共同体，既是应对百年未有之大变局的战略之举，也是回答中华民族伟大复兴目标的政策宣示，不可能一蹴而就。人类命运共同体是新理念，践行的过程中面临艰巨挑战，我们要循序渐进，从周边开始，从发展中国家最集中的非洲大陆开始，与越来越多的友好伙伴构建起双边命运共同体，打造地区命运共同体，倡议构建网络空间、核安全、海洋、卫生健康等命运共同体。

构建人类命运共同体要知行合一，面临三大典型挑战：

其一是知难行易。简单照搬传统文化或马克思主义的自由人联合体思想是无法把握人类命运共同体的，传统的国际关系视角或中国式修正如关系主义、天下主义，也无法触及人类命运共同体精髓。思维惰性、路径依赖导致诸多对人类命运共同

① 习近平：《加强政党合作 共谋人民幸福——在中国共产党与世界政党领导人峰会上的主旨讲话（2021年7月6日，北京）》，《人民日报》2021年7月7日。

体的质疑，比如声称人类命运共同体放弃立场，主张资本主义、社会主义的命运与共，放弃斗争，是和谐世界翻版，是回到无产阶级国际主义，等等。还有人说国家尚未统一，还有心思去构建人类命运共同体？中华民族共同体与人类命运共同体是什么关系？构建人类命运共同体是否放弃核心利益，或去干涉他国内政？面对新冷战、脱钩论甚嚣尘上，不少人觉得人类命运共同体太早产、太抽象、太遥远。思维混乱导致构建人类命运共同体缺乏自信、自觉，可谓知难行易。

其二是知易行难。不少人问：狼与羊如何命运与共？三个世界如何命运与共？消极意义的流浪地球好理解，积极意义的命运与共很难，好比世界大同。中国始终是世界和平的建设者、全球发展的贡献者、国际秩序的维护者，推动“一带一路”国际合作，构建全球互联互通伙伴网络，推动构建人类命运共同体，认识无歧义，但如何为之？中国提出以国内大循环为主、国内国际双循环的新发展格局，如何处理中华民族共同体与人类命运共同体的关系？如何在危机中育新机，在变局中开新局，统筹好百年未有之大变局与中华民族伟大复兴的关系？

其三是知难行难。人类命运共同体是新世界观，推动新认识论、实践论，但面临思维路径依赖、话语陷阱的诸多挑战，人类命运共同体的五大支柱——持久和平、普遍安全、共同繁荣、开放包容、清洁美丽，认识信念不足，构建起来亦难。就以普遍安全为例，党的十九届五中全会提出统筹发展与安全，那其他国家呢？疫情失控，人类的安全面临艰巨挑战，经济衰退导致种族、宗教对立加剧，如何能做到普遍安全？知难，行亦难。

人类命运共同体不只是未来愿景，还是进行时。构建人类命运共同体，知易行易是少见的，否则也就没有必要提出。为此，我们不是机械地平衡推进持久和平、普遍安全、共同繁荣、开放包容、清洁美丽的目标，而是很可能倒序推进，即先从应对全球气候变化、绿色转型开始，倡导开放的区域主义、包容的多边主义，推进互利共赢的合作，构建大安全格局，实现天下太平；构建路径上由易到难，由近及远，由政党共识到国家共识，由双边到区域、多边，率先在全球卫生健康共同体、海洋命运共同体、网络空间命运共同体等新领域取得突破，积累信任和共识，坚定信心，迎难而上——毕竟，伟大事业难免充满风险、挑战，越是这样，越要坚定构建人类命运共同体的自信与自觉，做到知行合一。

21 世纪的张载命题①

大时代需要大格局，大格局呼唤大胸怀。从“本国优先”的角度看，世界是狭小拥挤的，时时都是“激烈竞争”。从命运与共的角度看，世界是宽广博大的，处处都有合作机遇。我们要倾听人民心声，顺应时代潮流，推动各国加强协调和合作，把本国人民利益同世界各国人民利益统一起来，朝着构建人类命运共同体的方向前行。

——习近平

一

“穷则变，变则通，通则久。”用《周易·系辞下》中的这句话来形容改革开放的世界意义，再恰当不过。穷则变的“变”就是改革开放，拿邓小平的话来讲就是“不搞改革开放，只有

① 又称“横渠四句”：为天地立心，为生民立命，为往圣继绝学，为万世开太平。

死路一条”；变则通的“通”就是“一带一路”倡议主张的互联互通（五通）；通则久的“久”，就是成久远——构建人类命运共同体。

改革开放的重要经验也得到了很好体现：问题导向——“一带一路”国际合作正为解决和平赤字、发展赤字、治理赤字的世界问题而努力。目标驱动——构建人类命运共同体：既要坚持高标准，又要因地制宜、循序渐进，着重消除人类的信任赤字。

三者的逻辑关系可做以下概括：

	周易	世界观	方法论	逻辑	模式	辩证法
改革开放	穷则变	外国（西方）的月亮比中国的圆	向（美）西方开放	把世界的变成中国的	西方模式（国际接轨）	正（顺应世界大势）
“一带一路”	变则通	中国的月亮也很圆	“带路”国家向中国开放	把中国的变成世界的	中国模式（特色）	反（造合作之势）
人类命运共同体	通则久	中国与世界共一个月亮	人类情怀世界担当	中国的也是世界的	人类共享模式	合（万法归一之道）

二

人类命运共同体理念蕴含着丰富的中国智慧，发轫于5000年博大精深的中华文明，成长于近代以来共产党人解放全人类的革命传统，成熟于中华人民共和国成立以来尤其是改革开放以来的丰富外交实践，是中国外交哲学中世界观、本体论、认识论、方法论、伦理观、实践论的集大成者。

世界观：人类整体论。美国前国务卿基辛格曾经感叹，在每一个时代，政治家们都尝试着寻求和平，然而和平总是地区性秩序，从未能建立在全球的基础上。回望近代以来的人类历史，威斯特伐利亚体系以来，国际秩序变迁背后的西方“世界观”始终无法突破一己的利益考量，持久和平与普遍繁荣成为难以企及的梦想。构建人类命运共同体成为中国共产党领导的中国在新时代对“中国应当为人类作出较大贡献”承诺的践行。

本体论：命运与共。和平与发展密不可分。然而，经济全球化与政治国家化的矛盾日益突出，全球化走向碎片化。中国有两句古话：“盗贼出于贫穷”“不患寡而患不均”。当今世界乱象丛生的原因，正是“两贫”——贫困、贫富差距。发展中国家主要是贫困，发达国家主要是贫富差距。如何以发展促安全，以安全保障发展，中国呈上“一带一路”、人类命运共同体的中国方案和中国智慧。人类命运共同体理念展示了中国的共生哲学：夫爱人者，人必从而爱之；利人者，人必从而利之。把越来越多带着中国印记的公共产品贡献给国际社会，并欢迎其他国家“搭便车、搭快车”，中国展现出作为世界和平建设者、全球发展贡献者、国际秩序维护者的应有担当，进而带动提升了新兴市场国家和发展中国家在国际治理体系中的议程设置权、国际话语权和规则制定权。当“协和万邦”“天下大同”等中国理念汇聚起全球共识，人类曾经难以企及的持久和平与普遍繁荣梦想第一次有可能成为现实。吸收了中国“和合文化”的精髓，传承了新中国成立以来独立自主的和平外交实践，强调构建以平等公正、合作共赢为核心的新型国际关系，人类命运共同体理念为国际秩序的革新完善提供了新的话语体系和路径选择，被视为“人类在这个星球上的唯一未来”。

认识论：由内而外。老子有“以身观身、以家观家、以乡观乡、以邦观邦、以天下观天下”思想，孔子有大同社会理念。人类命运共同体在国内政治、经济、社会、文化、生态建设“五位一体”总体布局基础上，在中华民族共同体基础上，延展到国际社会的五位一体——持久和平、普遍安全、共同繁荣、开放包容、清洁美丽；在国内“以人民为中心”的发展理念基础上，在国际上倡导以人类为单元，超越国家、民族的纷争，实现内外联动发展。因为许多国家还处于部落或地方割据状态，只有以人类文明为思考单元，才能最大程度包容各方力量与各种诉求。作为践行人类命运共同体的重大实践，“一带一路”建设正在实现“中国好了，世界会更好”的前景。正如习近平主席2016年8月17日在推进“一带一路”建设工作座谈会上指出的，“坚持各国共商、共建、共享，遵循平等、追求互利，牢牢把握重点方向，聚焦重点地区、重点国家、重点项目，抓住发展这个最大公约数，不仅造福中国人民，更造福沿线各国人民。中国欢迎各方搭乘中国发展的快车、便车，欢迎世界各国和国际组织参与到合作中来”。

方法论：求同存异。“一带一路”抓住发展这个最大公约数，人类命运共同体抓住价值观的最大公约数。当今世界，极端思想的影响仍不容忽视；保护主义、民粹主义抬头，全球化仍在逆风中艰难前行。开放还是封闭，合作还是对抗，共赢还是零和，世界再次走到十字路口。面对由一系列不确定性构成的严峻挑战，新时代的中国成为世界的稳定之锚和繁荣之源。在推动国际秩序改革和完善全球治理的历史性关口，新时代的中国对人类命运展现出新的历史性担当。人类命运共同体将中国古代的大同思想和天下观予以创造性转化和创新性发展，同时汲取人类其他文明的类似思想予以提炼，成为当今世界的最大价值公约数。

伦理观：知行合一。中国古代哲学家认为，不仅要认识（“知”），尤其应当实践（“行”），只有把“知”和“行”统一起来，才能称得上“善”。致良知，知行合一，是王阳明文化的核心。先有致良知，而后有知行合一。人类命运共同体理念，通过共商共建共享“一带一路”，化为各国共同行动，体现中国“知行合一”哲学。

实践论：全球伙伴。国不以利为利，以义为利也。以“一带一路”建设为重要抓手，以构建人类命运共同体为根本追求，中国为改善全球治理思想提出的以相互尊重、公平正义、合作共赢为内涵的新型国际关系，正改变长期以来充斥着强权与意识形态色彩的国际格局，打造全球伙伴关系网络。100 多个国家同中国建立起伙伴关系，昭示“非友即敌、结盟对抗”的冷战思维已经过时，“对话而不对抗、结伴而不结盟”的国与国交往新路才是人间正道。

构建人类命运共同体成为中国倡导的新型国际关系、新型全球治理的核心理念，成为习近平新时代中国特色社会主义思想的世界观。

人类命运共同体的提出遵循三大逻辑：

一是历史逻辑：不忘人类初心。人类命运共同体并非无源之水、无本之木。相反，它是从历史中来（包括古代、近代、当代历史），又是对历史的时代提炼和升华。古代世界体系是多中心的，各个国际体系、各个文明之间的联系时断时续且不稳定（正如丝绸之路历史所展示的）。所以，汲取中国传统和合文化和其他各传统文化的精华，创造性转化、创新性发展，凝聚出来的人类命运共同体理念，就是人类的初心。近代以来，国际体系从多中心变成了一个中心——西方中心，威斯特伐利亚体系以民族主权国家为基本单元，确立了主权平等原则，并延续至今。人类命运共同体理念遵循主权平等的原则，但又超越狭隘的国家利益，也区别于欧盟主权让渡形式的超国家层面。近代以来，地理大发现与工业革命塑造了西方中心之外的另一个中心，即人类凌驾于一切之上的人类中心主义——人类世（消极人类世）。人类命运共同体理念超越人类中心主义，主张人与自然和谐相处，而非凌驾于自然之上。在当代，我们要在和平共处五项原则基础上，倡导人类命运与共，同时超越意识形态与发展阶段差异时代背景下提出的“三个世界”理论——如今已是同一个世界。“三个世界”是以斗争求团结，目标正是同一个世界、同一个梦想。所以，人类命运共同体既是从古代、近代和当代的历史中来，又是对历史的一种继承和超越。

二是时代逻辑：回答时代之问。当今世界问题重重，经济全球化，政治地方化（all politics is local），文化多元而极端化，恐怖主义、民粹主义、反犹主义轮番登场；“亚洲悖论”折射出全球悖论。人类命运共同体通约各种文化价值，发现、发掘、塑造人类共同价值观，是解决人类问题的智慧和方案。典型时代之问的回答，就是要超越过去，超越经济全球化所谓的相互依存（更多是依存美国霸权中心）、命运与共的未来，不是依附与被依附的从属关系，也没有一个中心，而是多中心网格状。要实现这一目标须先搞好国内治理，尤其是政党治理，超越利益集团、选举政治，强调以人民为中心的理念，推动政党的转型，重塑人类政治文明。为此，我们举办中国共产党与世界政党高层对话会，共同商讨人类命运共同体。

三是思维逻辑：从后天看明天。人类已经迈入工业 4.0 时代，人工智能、大数据、万物互联、泛在化一再掀起时代浪潮，从原来的“人化”自然到现在的“人化人工智能”，无不宣告着未来已至！人工智能社会 5.0 是继狩猎社会、农耕社会、工业社会、信息社会之后出现的新一代社会形态，其命名充分体现了科技创新引导社会变革的含义。习近平主席多次指出，深海、极地、外空、互联网、这些人类新的领域不可能再重复过去弱肉强食、零和博弈的法则。我们热议人工智能，但世界上还有30多亿人没有用上互联网，约10亿人没用上电！强调构建人类命运共同体，就是要改变强弱不均的现象。

任何新技术的发展都会对原有的社会秩序带来冲击，人工智能对人类的冲击引发军备竞赛、失业和社会伦理的担忧，但是新的技术的出现会让新的岗位出现，就像汽车出现之后，马车夫的职业变成了司机。人工智能辅助人类而非取代或否定人的价值，用于人类优质资源因为稀缺所覆盖不到的地方：比如在优质的老师无法覆盖的时候，人工智能的老师就变得很有价值；优质的医疗资源无法覆盖所有人的需求的时候，人工智能的医生就变得很有价值。人是目的，而非手段。人工智能不能改变这一点。套用“把恺撒的给恺撒，把上帝的给上帝”的说法，就是：让机器当机器，人类当人类吧。①

三

人类命运共同体思想有三大主要指向：

第一，解决经济全球化、政治多极化、文化多样化、社会信息化的内在矛盾。这一内在矛盾集中表现为所谓的“安

① 李开复：《AI·未来》，浙江人民出版社2018年版，第252页。

全靠美国，经济靠中国”的“亚洲悖论”，为了解决这个悖论，需要在威斯特伐利亚体系、联合国体系基础上承认国家主权同时又超越单纯的国家思维，实现命运与共，构建命运共同体。这就超越了过去强调的“互利共赢”（运），上升到了“共享未来”（命）的层次。

第二，实现资本主义与社会主义的和平共处、并行不悖。在中国国内有“一国两制”试点，在世界层面上，我们现在不强调无产阶级革命学说，而是在道路自信、理论自信、制度自信基础上实现文化自信，即以中国的传统和合文化将斗争学说中国化、时代化、文化化。

第三，强调不同宗教、不同文明以及世俗文明与宗教文明之间的和谐相处、包容互鉴。命运共同体要回答中国共产党领导的社会主义国家怎样复兴世俗文明，复兴到什么程度。要回答世俗文明是一种怎样的文明，跟宗教文明有何本质不同，能给人类文明提供怎样的新价值取向。

相应地，人类命运共同体理念的三大意义包括：一是超越传统消极命运观，积极进取。二是超越消极人类命运观，塑造共同体，实现文化的创造性转化、创新性发展。三是超越传统意识形态的阶级斗争、革命学说，将马克思主义中国化，在建立道路、理论、制度自信的基础之上塑造文化自信：实现马克思主义中国化从革命建设时期的道路与制度自信，经改革开放时期的理论自信（中国特色社会主义市场经济），到新时代的文化自信，实现马克思主义与传统文化的结合——

人类命运共同体。

人类命运共同体是世俗文明的终极关怀与文化自觉。人类命运共同体的政治意义就是中国共产党在社会主义初级阶段，不再追求推翻资本主义统治，不做资产阶级掘墓人，而是提倡各国命运掌握在自己手里，共同来构建人类命运共同体。于是，也不难发现人类命运共同体的政治含义：

第一，告别近代，走出西方。近代以来，我们一直强调中学为体、西学为用，或者西学为体、中学为用，但今天的人类命运共同体超越中西、体用思维，实现古今中外、东西南北的集大成。马克思主义中国化从革命、建设、改革开放到如今实现传统文化的创造性转化、创新性发展，彰显了道路、理论、制度自信基础上的文化自信。

第二，中国外交原则从原来的不干涉内政，尊重属于纯内政的主权事务、发展道路、发展模式、发展理念，到现在强调国际责任，两者如何统一？人类命运共同体为此指明了方向。西方经济学中有一个重要的名词——“帕累托改进”[①]，中国学者赵汀阳在此基础上创造出了一个新的概念——“孔子改进”[②]。相比于“帕累托改进”，“孔子改进”的层次更高，因为孔子讲“己欲立而立人，己欲达而达人”。即如果

①“帕累托改进”是指在一个社会群体中，哪怕只有一个人的福利得到改进而同时没有人福利受损，这个社会便实现了福利改进。由于有人受益无人受损，“帕累托改进”在经济学上就成为一个非常值得追求的目标。

② 赵汀阳原话是“孔子改善”（Confucian Improvement）。见赵汀阳：《天下的当代性：世界秩序的实践与想象》，中信出版社 2016 年版，第 37 页。

自己要成功，我也要叫别人成功；我自己要富裕，也要让别人跟着我一块富裕。孔子的想法，恰恰代表了中国建设人类命运共同体伟大目标的历史渊源，代表了中国的一种愿望。

第三，人类命运共同体的政治含义还包括为全球化、全球治理“铸魂”。新自由主义全球化导致贫富悬殊。“一带一路”建设打造包容性全球化，推动构建人类命运共同体也就超越了经济全球化与政治地方化的对立。以往西方全球治理不问为谁治理的问题，现在人类命运共同体强调以人为本，为人类治理。亚里士多德指出，“所有共同体都是为着某种善而建立的……既然所有共同体都在追求某种善，所有共同体中最高的并且包含了一切其他共同体的共同体，所追求的就一定是最高的善”[①]。人类命运共同体为全球化、全球治理铸魂的含义就是追求全球化、全球治理“最高的善”。

四

理解人类命运共同体思想和“一带一路”倡议，要求我们超越近代知识、创造性转化传统智慧，树立万物互联的时代观。它们超越科学思维，超越古今中外、东西南北分野，树立了人类整体观、命运观、共同体观，推动了人文社科、自然科学的大融合及各国传统文化的大融通，是未来科学的大引领。

①《亚里士多德选集·政治学卷》，中国人民大学出版社 1999 年版，第 3 页。

人类命运共同体理念被多次写进联合国有关决议，成为新时代的中国学、全球学。

纵观全书，我们可以得出三个结论：

一、人类本来就是命运共同体，只不过认识到这点有先后、体会有深浅。大陆漂移产生了七大洲，在让物种隔离的同时，产生了多彩的自然界。地壳变动、自然选择产生了人类，但不管是白皮肤、黑皮肤还是黄皮肤，我们都是智人，都起源于非洲。

二、人类命运共同体是发现的，不是发明的。它不只是中华文化天下大同思想的全球化，还通约各国文化，集世界传统之大成。

三、人类命运共同体有消极与积极之分。今天提出的人类命运共同体理念，超越自信、特色思维，是人类自觉告别彼岸思维，超越消极命运观、近代人类观，实现从被动消极向主动建构的飞跃。

人类命运共同体这一全球价值观包含相互依存的国际权力观、共同利益观、可持续发展观和全球治理观。

“一带一路”倡议与人类命运共同体思想为超越科学乃分科之学的西学局限，打造究天人之际、通古今之变、怀东西南北的大学问提出了时代命题：

中国的世界——正。

世界的中国——反。

没有中国的世界，没有世界的中国，都是同样不可想象的——合。

正、反、合的逻辑证明：中国与世界乃你中有我、我中有你的命运共同体。

联合国大会、安理会和专门机构的决议多次写入“一带一路”倡议、人类命运共同体理念及“共商、共建、共享”原则，这表明，“一带一路”国际合作、人类命运共同体理念正成为广泛的国际共识，成为新时代展示我国国际影响力、感召力、塑造力的关键词。

世界命运握在各国人民手中，人类前途系于各国人民的抉择。中国人民愿同各国人民一道，推动人类命运共同体建设，共同创造人类的美好未来！人类命运共同体被写入《中华人民共和国宪法》，吹响了中国推动建设持久和平、普遍安全、共同繁荣、开放包容、清洁美丽世界的时代号角，彰显了全体中华儿女为万世开太平的信心与决心。

周边是中国安身立命之所，发展繁荣之基。构建人类命运共同体，从周边开始，尤其是与周边社会主义国家率先构建战略意义的命运共同体，以政党实践推动构建人类命运共同体。正如《中国共产党和老挝人民革命党关于构建中老命运共同体行动计划》指出的，“坚持互尊互信，巩固命运共同体政治基础”“坚持合作共赢，拉紧命运共同体利益纽带”“坚持守望相助，筑牢命运共同体安全防线”“坚持相知相亲，夯实命运共同体民意基础”“坚持共生共治，推动命运共同体持续发展”。[①]

中国改革开放 40 多年的伟大成就及引领以数字经济、大数据、人工智能、区块链等为代表的新工业革命，吸引世界上 170 多个国家和国际组织与中国签署了共建“一带一路”合作文件。其中包括发达国家与中国共同开发第三方市场，将发展成果惠及全球。所谓第三方市场合作，就是将中国的中端制造能力同发达国家的高端技术、先进理念结合起来，为第三国提供高水平、高性价比、更具竞争力的产品和服务，实现“三方共赢”。截至 2019 年 6 月，中国已与法国、日本、意大利、英国、德国、韩国等 14 个国家签署 16 份第三方市场合作文件，聚焦基础设施、能源、环保、金融等优势互补领域，开展了机制化的合作，在一系列重大项目上取得了务实成果。值得一提的是，自中日关系出现积极向好势头以来，两国也在中泰铁路建设方面开始协作。

共建“一带一路”是面对百年未有之大变局而提出的国际合作倡议，不仅承载着古丝绸之路的光荣与梦想、中华民族伟大复兴的百年大计，而且正成为世界各国应对不确定性挑战、实现各自发展战略和追求美好世界秩序的共同探索，必须站在这一时空背景下看其成就与前景。

① 钟声：《以政党实践推动构建人类命运共同体》，《人民日报》2019 年 5 月 1 日。

五

近代以来，没有哪个倡议能像“一带一路”这样，在如此短的时间内吸引到如此多国家参与，能引起如此广泛的国际反响。

以“一带一路”倡议、人类命运共同体理念为代表的习近平新时代中国特色社会主义思想的国际意义，可以说承载着21世纪的“张载命题”：

——为天地立心，就是激活“和平合作、开放包容、互学互鉴、互利共赢”的丝路精神，开创以相互尊重、公平正义、合作共赢为核心的新型国际关系，探寻21世纪人类共同价值体系，建设人类命运共同体。

——为生民立命，就是鼓励各国走符合自身国情的发展道路，实现中国梦与各国梦融通，共同成就世界梦。

——为往圣继绝学，就是实现人类永续发展，各种文明、发展模式相得益彰、美美与共，开创中华文明与各种文明共同复兴的美好前景。

——为万世开太平，就是推动人类的公平正义事业，缔造“持久和平、普遍安全、共同繁荣、开放包容、清洁美丽”的世界，实现全球化时代的“天下大同”。

“‘人类命运共同体’已经不仅仅是一个价值指向，更是一种现实选择、迫切呼唤。”[①]

构建人类命运共同体是顺应历史潮流、增进人类福祉的中国方案。这一方案汇聚着世界各国人民对和平、发展、繁荣向往的最大公约数，反映了人类社会的共同价值追求，符合中国人民和世界人民的根本利益。这一方案超越不同制度的分歧，摒弃零和博弈的思维，成为不同国家、不同民族、不同文明的共同奋斗方向。

“建立公正合理的国际秩序是人类孜孜以求的目标。”300多年来，国际关系演变积累的主权平等、和平和解、法治正义、开放包容、人道主义等一系列公认的原则，为构建人类命运共同体提供了基本遵循。正是基于对人类历史的深刻分析、对现实世界的深刻洞察、对时代大势的深刻把握，习近平主席创造性提出人类命运共同体理念，被有识之士誉为“中国为地球村提供的一把发展的钥匙”“人类在这个星球上的唯一未来”。[②]

---

① 光明日报评论员：《防疫全球阻击战，携手才能共赢》，《光明日报》2020年3月27日。
② 《求是》杂志编辑部：《破解“世界之问”的中国方案》，《求是》2021年第1期。

参考文献

1. 马克思、恩格斯：《共产党宣言》《德意志意识形态》《论犹太人问题》《1844 年经济学哲学手稿》。

2. 习近平：《习近平谈"一带一路"》，中央文献出版社 2018 年版。

3. 习近平：《论坚持推动构建人类命运共同体》，中央文献出版社 2018 年版。

4.《习近平谈治国理政》第三卷，外文出版社 2020 年版。

5. 钱穆：《中国文化史导论》，商务印书馆 1994 年版。

6. 费孝通：《乡土中国》，上海人民出版社 2006 年版。

7. 甘阳：《通三统》，生活·读书·新知三联书店 2007 年版。

8. 梁漱溟：《东西文化及其哲学》，商务印书馆 2010 年版。

9. 廖彬宇：《国学旨归——干支哲学》（全 2 册），清华大学出版社 2014 年版。

10. 马化腾等：《分享经济：供给侧改革的新经济方案》，中信出版社 2016 年版。

11. 王义桅：《世界是通的："一带一路"的逻辑》，商务印书馆 2016 年版。

12. 赵汀阳：《天下的当代性：世界秩序的实践与想象》，中信出版社 2016 年版。

13. 张立文：《中国传统文化与人类命运共同体》，中国人民大学出版社 2018 年版。

14. 姚中秋：《中国政治文明史》，华龄出版社 2021 年版。

15. 杨光斌:《世界政治理论》，中国社会科学出版社 2021 年版。

16.〔德〕哈贝马斯:《公共领域的结构转型》，曹卫东译，学林出版社 1999 年版。

17.〔德〕伊曼努尔·康德:《永久和平论》，何兆武译，上海人民出版社 2005 年版。

18.〔德〕马丁·布伯:《我和你》，杨俊杰译，浙江人民出版社 2017 年版。

19.〔法〕埃米尔·涂尔干:《社会分工论》，渠东译，生活·读书·新知三联出版社 2013 年版。

20.〔古希腊〕亚里士多德:《政治学》，颜一、秦典华译，中国人民大学出版社 2013 年版。

21.〔美〕威廉·麦克尼尔:《西方的兴起：人类共同体史》，孙岳、陈志坚、于展等译，中信出版社 2015 年版。

22.〔美〕奥兰·扬:《复合系统：人类世的全球治理》，杨剑、孙凯译，上海人民出版社 2019 年版。

23.〔英〕马丁·阿尔布劳:《中国在人类命运共同体中的角色》，严忠志译，商务印书馆 2020 年版。

24. 国务院新闻办公室:《新时代的中国与世界》白皮书，2019 年 9 月 27 日。

25. 国务院新闻办公室:《抗击新冠肺炎疫情的中国行动》白皮书，2020 年 6 月 7 日。

26. 国务院新闻办公室:《中国军队参加联合国维和行动 30 年》，2020 年 9 月 18 日。

27. 国务院新闻办公室:《新时代的中国国际发展合作》白皮书，2021 年 1 月 10 日。

28. 国务院新闻办公室:《人类减贫的中国实践》白皮书，2021 年 4 月 6 日。

29. 中共中央宣传部:《中国共产党的历史使命与行动价值》，2021 年 8 月 26 日。

30. 中非合作论坛北京峰会:《中非合作论坛——北京行动计划（2019—2021 年）》，2018 年 8 月。

31. 世界互联网大会组委会:《携手构建网络空间命运共同体行动倡议》，2020 年 11 月 18 日。

32. 杨洁篪:《深刻认识和用好国际法 坚定捍卫国家利益 共同维护世界和平与发展》，《求是》2020 年第 20 期。

33. 杨洁篪:《推动构建人类命运共同体 共同建设更加美好的世界》，《求是》2021 年第 1 期。

34. 王毅:《以习近平外交思想为指引 在全球抗疫合作中推动构建人类命运共同体》，《求是》2020 年第 8 期。

35. 王毅:《深入学习贯彻习近平外交思想 不断开创中国特色大国外交新局面》，《求是》2020 年第 15 期。

36. 于沛:《从大历史观看人类命运共同体》，《求是》2019 年第 3 期。

37. 中共中央党史和文献研究院:《科学回答人类前途命运的中国智慧中国方案》，《求是》2021 年第 1 期。

38.《求是》杂志编辑部:《破解“世界之问”的中国方案》,《求是》2021 年第 1 期。

39. 黄惠康等:《人类命运共同体的国际法构建》,《武大国际法评论》2019 年第 1 期。

40. 张弩:《中国宗教与构建人类命运共同体:理念与实践》,《人权》2017 年第 2 期。

41. 习近平:《在庆祝中国共产党成立 100 周年大会上的讲话(2021 年 7 月 1 日)》,《人民日报》2021 年 7 月 2 日。

42. 习近平:《加强政党合作 共谋人民幸福——在中国共产党与世界政党领导人峰会上的主旨讲话(2021 年 7 月 6 日,北京)》,《人民日报》2021 年 7 月 7 日。

43. 杨洁篪:《坚定维护和践行多边主义,坚持推动构建人类命运共同体》,《人民日报》2021 年 2 月 21 日。

44. 王毅:《携手打造人类命运共同体》,《人民日报》2016 年 5 月 31 日。

45. 闻言:《深入学习习近平外交思想,努力开创中国特色大国外交新局面——学习〈习近平关于中国特色大国外交论述摘编〉》,《人民日报》2020 年 1 月 6 日。

46. 外交部党委理论学习中心组:《服务民族复兴 促进人类进步 不断推动构建人类命运共同体》,《人民日报》2021 年 8 月 23 日。

47. 谭苑芳:《构建人类命运共同体的哲学意义》,《光明日报》2019 年 4 月 8 日。

48.〔美〕安乐哲:《"一多不分"视域中的人类命运共同体》,《光明日报》2019 年 7 月 6 日。

49. 王义桅:《全球性问题呼唤构建人类命运共同体》,《经济日报》2020 年 4 月 14 日。

后记

“‘一带一路’、人类命运共同体就像为你量身定做的，难怪你对此充满激情，乐此不疲，将它们写在各国大地上，写进世人的心坎里。”

“除了南极洲的企鹅，各大洲居民都听你讲过‘一带一路’、人类命运共同体。”

“倒球差，倒季差，倒时差，从北半球到南半球，从冬季到夏季，你马不停蹄，奔波于七十多个国家，为取得人类命运共同体的真经，为‘一带一路’、人类命运共同体飞入地球村每个角落，舍小家，舍学术，成大家，做大学问！”

这是近年春节收到的最欣慰的拜年帖。

西方把诺贝尔和平奖当作恩赐，中国实实在在地为世界和平与发展作贡献；西方把发展经济学、华盛顿共识当作金科玉律去兜售，中国一心一意通过“一带一路”构建人类命运共同体；西方把人权挂在口头上，中国把人权写在祖国大地上、写进 14 亿人的心坎里；西方把民主当作指挥棒去演奏，中国把民主写在全面摆脱贫困的攻坚战、写进人类文明史；西方把抗疫当作选举工具，搞政治污名化，中国把抗疫阻击战写在生命至上、人民至上和构建人类命运共同体的答卷上……

面对百年未有之大变局，习近平总书记通古今之变，集中外大成，心系天下，胸怀南北，高瞻远瞩提出人类命运共同体理念和“一带一路”倡议，为民族复兴谋局，为国际合作造势，为人类命运担当，倡导人本主义世界观和以人为本的全球化核心价值观，开辟了中华民族参与、引领经济全球化的新境界，描绘了告别霸权、万物互联时代的新气象。

习近平总书记指出，从历史的长镜头来看，中国发展是属于全人类进步的伟大事业。构建人类命运共同体、“一带一路”国际合作是复兴的中国为全球化、全球治理提出的代表性中国方案与中国智慧。中华民族伟大复兴的应有之义是传统文化的伟大复兴。构建人类命运共同体、“一带一路”倡议就是天下大同、丝路精神的创造性转化和创新性发展。

2021 年是建党 100 周年。我的生日正巧和党的生日是同一天，我是江西人，也许是与生俱来的革命情结，让我对我所做的一切都充满热爱。入道以来，没有哪个理念、哪个倡议能像人类命运共同体、“一带一路”那样让我着迷，以至于所有的知识都捉襟见肘，所有的理论都相形见绌；与此同时，所有知识、理论又好似是为人类命运共同体准备的，令人兴奋。

历史学家发现，“在过去的 500 年时间里，每个世纪的独特风格都是由一些关键的象征性事件所决定的，而这些事件大多发生在第二个 10 年的中期……如果一个新世纪要拥有自身的特点，那么这个特点必须在头 20 年里建立起来”①。1921

①〔英〕尼克拉斯·鲍伊：《2014：下一个世界末日》，曹槟、倪颖译，中信出版社 2011 年版，第 4—5 页。

年成立的中国共产党，决定了20世纪中国的面貌，也深刻改变了世界的面貌。100年以后的21世纪的面貌，将由21世纪头20年奠基。人类命运共同体理念、“一带一路”倡议为21世纪面貌塑造灵魂与骨骼。旧中国，方志敏同志梦想“可爱的中国”；新时代，习近平总书记擘画“可爱的世界”。

能为“可爱的世界”挥毫泼墨，是我辈之荣幸。得到湖南人民出版社垂青，与本书责任编辑吴向红老师精诚合作，将自己的人类命运共同体处女作奉献给时代，是我的荣光。吴老师的敬业精神及精益求精、专业细致的编校态度，让我深切感受到新时代虔诚致力于构建人类命运共同体的出版人风采。感谢潘岳先生、阿尔布劳院士不吝赐教并欣然作序，为本书画龙点睛。感谢叶小文、杨慧林、姚中秋、潘维为代表的前辈一如既往的提携、指教，特别是“七一勋章”获得者刘贵今大使、周平剑大使、刘鸿武教授对中非命运共同体研究的指导。感谢中国美术家协会的大力支持，感谢黄永滨、周昌新、李宏钧、杨洋等画家不吝赐作，共同演绎人类命运共同体艺术与学术、情感与理智的交响曲。感谢我的老师们对我的培养，感谢我的同行、国内外朋友、学生及媒体记者的激励，感谢好友王建宝、冯玉军、汪亭友、张海文、谢茂松、廖彬宇、李艳、罗建波及博士生廖欢、崔白露，硕士生张鹏飞为完善本书作出的贡献。

爱妻江洋总是我书的第一个读者。她不仅为此书注入温情与爱意，还为网络空间命运共同体个案撰写提供专业指导。没有她的支持，我不可能奔赴世界各地探寻构建人类命运共同体之道，那我们就只能阅读“他历史”（history）而无法感悟“她历史”（herstory）了。

人类命运共同体理念标志着中国彻底告别近代、走出西方——不再纠结于中－西、体－用、主－客、物－我这种认识论，而是超越主客之分，从“我与它”的对立提升为“我与你”融通，倡导人类情怀、世界担当，为伟大复兴正名，为“一带一路”正心，为新时代的“张载命题”正道，践行“仁者，以天地万物为一体”[①]的中华智慧，超越人类中心主义。

我将无我，不负人类！

世界是通的，“周道如砥，其直如矢”[②]，“以道莅天下”[③]，通无止境。人心是通的，“以仁心说，以学心听，以公心辨”[④]，不亦乐乎？

和“一带一路”系列作品一样，人类命运共同体处女作，只是系列著作之开端，虽历经数年反复打磨，仍难免有纰漏与遗憾，敬请批评指正。

谨以此书献给中国共产党百年华诞。

王义桅

2021年7月23日于中国人民大学静园

① 北宋大儒程颢名言。

②《诗经》。

③《老子》。

④《荀子》。

图书在版编目（CIP）数据

时代之问　中国之答：构建人类命运共同体 / 王义桅著. —长沙：湖南人民出版社，2021. 8（2022.6）
ISBN 978-7-5561-2726-9

I. ①时…　II. ①王…　III. ①国际关系—研究　IV. ①D82

中国版本图书馆CIP数据核字（2021）第120808号

SHIDAI ZHIWEN ZHONGGUO ZHIDA：GOUJIAN RENLEI MINGYUN GONGTONGTI
时代之问　中国之答：构建人类命运共同体

著　　者　王义桅
策　　划　莫　艳　吴向红
统　　筹　莫　艳　陈　实
责任编辑　吴向红
宣传推广　陈　实　吴向红　田　野
设计总监　虢　剑
装帧设计　异一设计　谢俊平
责任印制　肖　晖
责任校对　夏丽芬

出版发行　湖南人民出版社［http://www.hnppp.com］
地　　址　长沙市营盘东路3号
邮　　编　410005
经　　销　湖南省新华书店

印　　刷　长沙超峰印刷有限公司
版　　次　2021年8月第1版
印　　次　2022年6月第4次印刷
开　　本　710 mm × 1000 mm　1/16
印　　张　19
字　　数　197千字
书　　号　ISBN 978-7-5561-2726-9
定　　价　39.00元

营销电话：0731-82221529　（如发现印装质量问题请与出版社调换）

图书在版编目（CIP）数据